Students and External Readers	Staff & Research Students
DATE DUE FOR RETURN	DATE OF ISSUE
6.MAR	
30.06.88	
	N.B. All books must be returned for the Annual Inspection in June

Any book which you borrow remains your responsibility
until the loan slip is cancelled

ABHANDLUNGEN ZUR KUNST-, MUSIK-
UND LITERATURWISSENSCHAFT, BAND 192

Dialektische Dynamik
KULTURPOLITIK UND ÄSTHETIK
IM GEGENWARTSROMAN DER DDR

VON MARGRET EIFLER

1976

BOUVIER VERLAG HERBERT GRUNDMANN · BONN

CIP-Kurztitelaufnahme der Deutschen Bibliothek
EIFLER, MARGRET
Dialektische Dynamik: Kulturpolitik u. Ästhetik im Gegenwartsroman d. DDR.
(Abhandlungen zur Kunst-, Musik- und Literaturwissenschaft; Bd. 192)
ISBN 3-416-01204-6
© Bouvier Verlag Herbert Grundmann, Bonn 1976.
Printed in Germany. Gesamtherstellung: Hartmann-Druck GmbH, Bonn.

INHALT

VORWORT

In fünfundzwanzig Jahren sozialistischer Literaturschreibung wurde in der Deutschen Demokratischen Republik ein beachtliches Schrifttum geschaffen; zugleich hat sich dort die gesellschaftliche Aufgabe und Stellung des Künstlers neu definiert. Von politischen Bedingungen bestimmt und als Medium der gesellschaftlichen Veränderung eingesetzt, hat dieses Schrifttum durch ein wachsendes Interesse an der ästhetischen Formgebung literarische Qualität erreicht. Diese Entwicklung der DDR-Literatur an Hand ihrer kulturpolitischen Bedingungen darzustellen und das Bemühen um eine der dialektischen Haltung entsprechende Ästhetik an den jüngsten Gegenwartsromanen aufzuzeigen, ist Anliegen dieses Buches. Es sucht damit die im Westen vielfach als entindividualisierend übergangene Literatur der Literaturgeschichte als ernst zu nehmenden Bestandteil einzugliedern.

Die Befreiung des gesellschaftlichen und des künstlerischen Individuums hat sich über Jahrhunderte hin vollzogen. Lange hat es gedauert, bis der Künstler aus dem Kodex vorgefaßter Themenkreise sich hat lösen können, bis er die kirchliche Norm des Frühmittelalters sekular aufbrach, die Statik höfischer Konvention überwunden war, die persönliche Identität vor allem auf die Virtuosität der Form beschränkte, bis er sich der Gesetzmäßigkeit, der noch der barocke Dichter unterlag, entledigte und schließlich in der Erlebnisdichtung den individuellen Bezug zu Welt, Nation und Selbst herstellte. Seither hat sich der Dichter — zwar mit der erschütternden Unterbrechung der Nazijahre — die Möglichkeit der ästhetischen Verkörperung des individuellen Seinsbezugs gesichert. Er erwarb sich das Primat absoluter Individualität; die künstlerische Phantasie ist nur durch die eigene Fähigkeit der Formgebung begrenzt. Dichtertum gilt seither als Inbegriff der Freiheit. Die ästhetische Umsetzung persönlicher Daseinserfahrung bietet, wie nirgends sonst, äußerste Selbstverwirklichung.

Innerhalb der Entwicklung der Literatur sind meist zwei parallellaufende Strömungen der künstlerischen Aussage festzustellen, von denen einmal die eine, dann wieder die andere in den Vordergrund tritt. Sie sind gekennzeichnet durch die Weltanschauung und die künstlerische Auffassung ihrer

Vertreter, die entweder ethische Wertung der immanenten Erscheinung oder ästhetischen Ausdruck transzendenter Wesenheit zum bestimmenden Grundsatz der künstlerischen Darstellung machen. Die eine Strömung betont im Symbolcharakter innerlich geschaute ewige Wahrheiten, die andere in der Mimesis beobachtete temporale Wirklichkeit.

In jüngster Zeit, nach Symbolismus und Expressionismus, die das Gegenständlich-Gegebene in die Abstraktion transzendieren, vertritt die Literatur wieder eine überwiegend realistische Haltung, beginnend mit der Neuen Sachlichkeit über die Entartungen der Blut-und-Boden-Dichtung bis zur heutigen Gegenwartsliteratur. Es scheint eine neue Zeitenwende eingesetzt zu haben, in der der Anspruch des Gesellschaftlichen den Künstler aus seinem Individuationsprozeß und seiner Individualismusperspektive zurückverlangt. Es entwickelte sich die Überzeugung, daß seine Aufgabe nicht länger in der Ichaussage einer zweckfreien, ahistorischen Dichtung besteht, sondern darin, gesellschaftlich richtungweisend zu wirken. Sein Anliegen ist nun nicht mehr die subjektive Deutung, sondern die allgemeinmenschliche Bestimmung.

Mit dieser Wendung vom Ich zur Gemeinschaft, von der Auserwählung zum Sozialbewußtsein, verfolgt der Schriftsteller unserer Tage eine Entwicklung, die zwar der gesellschaftlichen, nicht aber der geisteswissenschaftlichen entspricht. Die Literaturkritik fordert nämlich noch immer vor allem individuelle Selbstaussage; sie identifiziert sich so zum großen Teil mit einer Dichtung, die sich als privates, artistisches Reservat versteht. Einer solchen Einstellung gilt eine Literatur, die ausgesprochen die Grundsätze des sozialistischen Realismus vertritt und sich aktiv in den gesellschaftlichen Entwicklungsprozeß einschaltet, als unwürdig: fehle ihr schon der metaphysische Bezug, so bedeute ihre politische Bedingtheit zudem einen unverantwortlichen Individualverlust. Standpunktsliteratur akzeptiert sie allenfalls in der Auflehnung gegen gegebene Verhältnisse, und die westliche Beschäftigung mit der DDR-Literatur setzte daher bisher eigentlich immer nur dort ein, wo diese eine Dissenshaltung vertritt, als Kampf des einzelnen um Individualwert und Selbstbestimmung.

Auch in der Bundesrepublik fühlen sich viele der heutigen Schriftsteller in erster Linie zur künstlerischen Auseinandersetzung mit der sozialpolitischen Wirklichkeit verpflichtet. Wichtige Autoren wie Böll, Grass Walser und Enzensberger gestalten aus einer gesellschaftskritischen Haltung heraus, und ihre Fiktion verkörpert weitgehend politische Stellungnahme. Sie sehen den einzelnen gefährdet als gesellschaftliches Wesen, sie erachten menschliches Verhalten für bedroht durch etablierte Systeme und finden so die freie Selbstbestimmung allzuleicht unterminiert. Als skeptische Aufklärer sehen sie ihre schriftstellerische Aufgabe vorwiegend darin, Wirklichkeitsstrukturen bloßzustellen. Obwohl sie dabei eine Annäherung zum Sozialismus zu verfolgen scheinen, läßt sich ihre Einstellung nicht mit der ihrer östlichen Kollegen gleichsetzen, insofern sie die heutige Praxis des marxistisch-leninistischen Modells ablehnen. Zentralistischer Kommunismus bedeutet ihnen nichts anderes als eine neue, gesteuerte Art des Kapitalismus, lediglich mit anderen Kapitalisten und mit Produktionsmethoden, die sich im Grunde nicht geändert haben. Und wie sie nichts Gutes von der Macht der politischen Apparate halten, halten sie auch nichts von einer gläubigen Ideologiebestätigung. In ihrem Konzept erfordert die Menschenwürde, daß das Wesen des Menschen niemals dem Unwesen eines Systems unterstellt sein darf. In ihrer Vorstellung soll daher die Umfunktionierung von Mißständen der Systeme weder auf orthodoxer noch auf anarchistischer Ebene geleistet werden, sondern durch kritische und sachliche Auseinandersetzung. Reformstreben bedeutet für sie realitätsverändernde Taktik zu einem demokratischen Sozialismus. Allerdings sind die Reformvorschläge der letzten Jahre in der Bundesrepublik theoretische Standpunktsäußerungen ohne Auswirkung geblieben, und es deutet sich an, daß die Nichterfüllung der als notwendig erkannten menschlichen Erfordernisse einen wachsenden Pessimismus nach sich zieht. Zudem beschränkt sich der Forderungskatalog zur Revision nicht länger nur auf die Veränderung ökonomischer und gesellschaftlicher Strukturen, sondern erkennt nun auch die Bewältigung ökologischer Probleme als existentielle Notwendigkeit. Es entwickelte sich eine deprimierte Haltung aus der Befürchtung, daß die negative Wirkung der veralteten Systemkräfte von neuen Destruktivkräften noch überboten werden könnte.

Im Gegensatz zur häufig pessimistischen gesellschaftskritischen Literatur im Westen arbeitet die gesellschaftsaffirmative Haltung der DDR-Literatur ihrer Definition entsprechend einer positiven Zukunft entgegen, selbst dort, wo sie als Dissens auftritt. In beiden deutschen Staaten unternimmt die Kunst Weltdurchdringung als Interpretation gesellschaftlicher Zustände und Ziele. Analysieren die westlichen Autoren das bestehende soziale Klima und die gesellschaftliche Situation, so zeichnen ihre östlichen Kollegen gesellschaftliche Verhaltensmuster vor. Erstellt man hier symptomatische Befunde, so sucht man dort Richtlinien aufzustellen. Beiderseits dringt man aber darauf, daß Kunst einer gesellschaftsimmanenten Aufgabe unterstellt wird und gesellschaftliche Konsequenz bezweckt. In den sozialistischen Staaten ist der Künstler Teil eines gesamtgesellschaftlichen Konzepts geworden, das ihn zum Aufbau an der Ideologie verpflichtet, aber auch westlicherseits läßt sich die zunehmende künstlerische Intention verfolgen, eine wechselseitige Beziehung von Kultur und Gesellschaft herzustellen. Inwieweit dabei westliche Gesellschaftskritik und östliche Gesellschaftsaffirmation positiv verändernde Wirkung erreichen, wird erst in einem viel späteren Nachhinein abzulesen sein. Zweifellos bedingen verschiedenartige Grundeinstellungen in Ost und West zweierlei Literaturen, aber im Streit um die sie abgrenzenden Unterscheidungen sollte auch das sie beide vereinende, universelle und zeitlose Charakteristikum nicht unterschätzt werden, nämlich ihr humanisierendes Anliegen. Ob dabei die individuelle Reflektion von Welt oder ein sozialistischer Gegenentwurf dominieren wird, ob das Engagement des gesellschaftlich orientierten Schriftstellers für eine Demokratie als ein von unten nach oben angelegter Prozeß pluralistischer Freiheit oder, umgekehrt, als ein von oben nach unten angelegter Prozeß zentralistischer Lenkung sich als fruchtbarer erweisen wird, ist das Experiment der menschheitsgeschichtlichen Zukunft. Der Bezugspunkt in all ihrer Unterschiedlichkeit bleibt das Humane. Eine Sichtung der DDR-Literatur sollte deshalb nicht nur dort einsetzen, wo die künstlerische Tätigkeit die sozialistische Wirklichkeit schlechthin zum Gegenstand hat, sondern auch besonders dort, wo sie die Wirklichkeit in bezug auf das Humane darstellt.

Anstoß und Anleitung zur Auseinandersetzung mit der DDR-Literatur erhielt die Germanistik durch mehrere einflußreiche Literaturwissenschaftler, die seit den fünfziger Jahren aus der DDR in den Westen übersiedelten, weil sie die kulturpolitischen Beschränkungen ihres kritischen Werturteils im sozialistischen Staat als untragbar empfanden. Durch sie wurde der Westen überhaupt erst aufmerksam darauf, was sich auf literarischer Ebene im anderen Teil Deutschlands abspielte, und sie bestimmten als Augenzeugen der künstlerischen Voraussetzungen und als anerkannte Kapazitäten die Forschungsrichtung. Hierher gehören vor allem der prominente Germanist Hans Mayer [1], unter dessen Leitung dann auch in Hannover die Habilitationsschrift des ebenfalls aus der DDR stammenden

---

[1] Hans Mayer, *Ansichten. Zur Literatur der Zeit* (Hamburg 1962); *Zur deutschen Literatur der Zeit* (Hamburg 1967); *Das Geschehen und das Schweigen. Aspekte der Literatur* (Frankfurt 1969); *Konstellationen der Literatur* (Frankfurt 1971).

Fritz Raddatz entstand, die später als Buch mit dem Titel: *Traditionen und Tendenzen. Materialien zur Literatur der DDR* [2] zu einem Standardwerk für die Forschung wurde. Konnte die Beurteilung des sozialistischen Schrifttums dieser anerkannten Interpreten von persönlichen Erfahrungen und Auseinandersetzungen mit dem DDR-Staat nicht völlig unberührt bleiben, so steht der ehemalige DDR-Bewohner Hans-Dietrich Sander dieser Literatur in seiner *Geschichte der schönen Literatur in der DDR* [3] ganz besonders ablehnend gegenüber. Hingegen bleibt Konrad Franke, ebenfalls in der DDR aufgewachsen und erzogen, als Herausgeber des beachtlichen Nachschlagewerks: *Die Literatur der Deutschen Demokratischen Republik* [4] relativ wertneutral.

Die Forschungstendenz der einschlägigen Sekundärliteratur läuft bisher vorwiegend darauf hinaus, DDR-Literatur als Politikum zu analysieren. Dabei etablierte sie die Meinung, daß der Marxismus jegliche schöpferische Phantasie unterdrücke, weil er die geistige Auseinandersetzung in ein Abhängigkeitsverhältnis zu ökonomischen Bewegungen bringe. Nähere Untersuchungen zur ästhetischen Qualität der DDR-Literatur, gemessen an wissenschaftlichen Kriterien, wurden deshalb bisher kaum je durchgeführt. Nach einem Vierteljahrhundert an literarischer Produktion in der DDR sollte die Bestandsaufnahme mählich auch diesen ästhetischen Aspekt in die Diskussion einbringen.

Verfolgt man die kulturpolitischen und literaturkritischen Tendenzen der DDR über die letzten fünfundzwanzig Jahre, wird es offensichtlich, daß einschneidende Veränderungen und Entwicklungen eingetreten sind. Das stalinistisch geprägte Konzept des sozialistischen Realismus ist seit längerer Zeit modifiziert und liberalisiert worden. Immer noch Grundeinstellung, hat man es doch erneuernd durchdacht und abgewandelt. Vor allem setzte in den letzten Jahren ein beachtenswert erhöhtes Formbewußtsein ein, das wieder eine starke künstlerische Korrelation zum Inhalt sucht. Es lassen sich deshalb heute in der DDR-Literatur ästhetische Eigenheiten erkennen, die von hoher literarischer Qualität zeugen und eine unverwechselbare sozialistische Ästhetik geleistet haben. Die die sozia-

[2] Fritz J. Raddatz, *Traditionen und Tendenzen. Materialien zur Literatur der DDR* (Frankfurt 1971).
[3] Hans Dietrich Sander, *Geschichte der Schönen Literatur in der DDR* (Freiburg 1972).
[4] Konrad Franke, *Die Literatur der Deutschen Demokratischen Republik* (München und Zürich 1971).

listische Denkart wohl weiterhin vertretende gehaltliche Intention hat sich zunehmend ihre eigene Darstellungsstruktur geschaffen. Form und Aussage werden dabei zumindest gleiche Aufmerksamkeit gewidmet und, wie es der Kritiker von anspruchsvoller Literatur erwartet, aufeinander bezogen. Es stellt sich deshalb nun die Frage nach einer eigenständigen sozialistischen Poetik, und sie sollte nicht länger im politisch bestimmten Vorurteil verschüttet bleiben.

In den nachfolgenden Darlegungen geht es darum, nach einer Untersuchung der grundlegenden kulturpolitischen und literaturwissenschaftlichen Determinanten, auf ein paar Möglichkeiten jener neuartigen literarischen Ausdrucksform an Hand jüngster DDR-Gegenwartsromane zu verweisen, um dadurch bisher unterbewertete Perspektiven zur Gestaltung dieser Literatur für die Interpretation zu eröffnen. Darunter fällt das Phänomen der Bemühung um ein vertieftes Sprachbewußtsein, semantischer Niederschlag in der gesellschaftlichen Umwälzung vom Bürgertum zum Sozialismus. Dabei wird nicht, wie zu erwarten wäre, sprachliche Adaption an ein neues System vollzogen, sondern gerade die Gefahr sprachlicher Manipulation verdeutlicht, unbewußte Sprachmanifestation auf ihren Ursprung beleuchtet und individuelle Selbstverwirklichung durch Sprache aufgezeigt. Ein weiteres, besonders wichtiges Merkmal sozialistischer Gestaltungsstrukturen ist ein, sowohl den Inhalt als auch die Form bestimmender, dialektischer Prozeß. Im Drang nach ständiger Veränderung, gefordert vom dialektischen Grundprinzip, wird ein starkes antithetisches Gefüge errichtet, das im Aufeinanderbezug inhaltlich und strukturell zur Synthese geführt wird. Damit beweist die deutsche sozialistische Literatur, daß sie mehr sein kann als nur politische Ideologiebestätigung, daß sie sich nach und nach zu einer allgemeingültigen Gesellschaftsliteratur entwickelt hat mit zunehmend ästhetischer Gestaltungsintention.

DIFFERENZIERUNG DER KULTURPOLITIK
ZUR DDR-LITERATUR

Das gesamtgesellschaftliche Konzept der DDR enthält ausdrücklich einen Bildungsauftrag an die Kunst: sie ist ein besonders geeignetes Medium dafür, menschliches Verhalten ideologisch zu beeinflussen und damit zur sozialistischen Persönlichkeitsbildung beizutragen. Zu diesem Zweck werden von der Regierungsspitze vor allem anläßlich von Parteitagen kulturpolitische Leitlinien proklamiert. Solche Direktiven sind in enger Anlehnung an sowjetische Beschlüsse verfaßt.

Die jeweiligen Perspektiven des kulturpolitischen Programms werden diskutiert, koordiniert und verabschiedet auf Tagungen des Zentralkomitees der SED, auf Konferenzen veranstaltet vom Ministerium für Kultur, auf Sitzungen des Staatsrats, auf Tagungen des Ministerrats, am Institut für Gesellschaftswissenschaften, auf Bitterfelder Konferenzen, auf Jahreskonferenzen und Kongressen des Schriftstellerverbandes der DDR, auf Beratungen und Aktivtagungen des Bundesvorstandes des Freien Deutschen Gewerkschaftsbundes und auf Bundeskongressen des Deutschen Kulturbundes. Die Dokumente, die alle diese Versammlungen verfassen, sind sehr wichtige Quellen zur Etablierung der Kulturpolitik in der DDR [5].

Die DDR-Literatur ist inhaltlich und formal weitgehend abhängig von den periodisch sich verändernden kulturpolitischen Bestimmungen. Die in solchen kulturpolitischen Abschnitten entstehenden literarischen Werke sind jeweils mit einer Reihe von unverwechselbaren Charakteristiken markiert, so daß man geradezu von einer Etappenliteratur sprechen kann. Es ist deshalb eine wichtige Vorbedingung zur Beurteilung der DDR-Literatur, die Intention der einzelnen kulturpolitischen Stadien zu erkennen sowie ihre Bedeutung für die ihnen zugehörigen Werke — oder deren Abweichung davon.

Die bewußte Planung der kulturellen Entwicklung in der DDR begann mit der Orientierung rückwärts am sozialistischen Realismus, wie er von

---

[5] Elimar Schubbe, *Dokumente zur Kunst-, Literatur- und Kulturpolitik der SED* (Stuttgart 1972).

Lenin und später von Stalin proklamiert und in den Werken von Leitfiguren wie Gorki, Majakowski und Scholochow verkörpert worden war. Die frühen Werke der DDR-Literatur suchen sich diesen sozialistischen Realismus anzueignen und vertreten dabei in ihrer Thematik eine antifaschistische Haltung. Die erste Phase der sozialistischen Kulturrevolution bedeutet eine Verfestigung dieser Tendenzen, geht dann über in die zweite Phase der Bitterfelder Ideen, um dann schließlich dem Auftrag zu folgen, eine Nationalliteratur zu etablieren. Dabei ging die Durchführung der sozialistischen kulturpolitischen Intention nicht reibungslos vonstatten; sie hatte einen langen, harten Kampf gegen die Modernismustradition auszufechten. Die einzelnen Stufen der Kulturpolitik und der durch sie bestimmten Literatur sind im folgenden verdeutlicht.

1. Antifaschistische und demokratische Erneuerung (1945—1949)

Das ostdeutsche Kulturprogramm stand zunächst unter dem Motto „Bewältigung der Vergangenheit". Man mußte damit nicht ganz neu anfangen [6], sondern konnte auf eine Reihe meist emigrierter Schriftsteller zurückgreifen, die Polemiken gegen den Nationalsozialismus verfaßt hatten, wie Heinrich und Thomas Mann, Arnold Zweig und Lion Feuchtwanger. Besonders aber wurden Bertolt Brecht, Johannes R. Becher, Willy Bredel und Anna Seghers als Vorbereiter einer proletarischen revolutionären Literatur geschätzt. In diesen ersten Nachkriegsjahren war man in Wilhelm Piecks Worten darum bemüht, „alle aufbauwilligen, antifaschistischen und demokratischen Kräfte, ganz gleich welcher Partei- oder Konfessionszugehörigkeit, ob Arbeiter oder Intellektueller, ob Bauer oder Handwerker, zusammenzufassen und eine große leistungsfähige Einheit aller Kulturschaffenden zu begründen" [7]. Die kulturellen Bestrebungen fielen damals also noch unter einen verhältnismäßig breiten Blickwinkel. Besonderes Gewicht im Umerziehungsprozeß verlieh man dabei jedoch der Sowjetliteratur: die Werke Gorkis, Majakowskis, Scholochows und Tolstois sollten historische und ästhetische Fragen klären helfen und so zum Vorbild für Künstler und Schriftsteller der DDR werden. Diese Absicht

---

[6] Wolfgang Joho, „Wir begannen nicht im Jahr Null" in *Neue Deutsche Literatur*, 13 (Mai 1965).

[7] *Kultur in unserer Zeit*, hgg. vom Institut für Gesellschaftswissenschaften beim ZK der SED (Berlin, DDR 1965), S. 73.

blieb aber ohne Erfolg. Das ärgste Hemmnis dafür bedeuteten in der offiziellen Sicht die Dogmen der spätbürgerlichen Dekadenz, die als jahrzehntelange Vorherrschaft noch tief in der ideologisch-künstlerischen Auffassung der Kunstschaffenden wurzelten [8]. Mit der Gründung der DDR am 7. Oktober 1949 wurde deshalb auch auf künstlerischem Gebiet eine Neuorientierung angestrebt. Man betrachtete sich jetzt im

2. Übergangsstadium zur sozialistischen Kulturrevolution (1949—1953)

Schon auf dem ersten Parteitag der SED im Jahre 1949 war gefordert worden, daß das gesamte Kulturschaffen auf den Grundlagen des Marxismus-Leninismus beruhen müsse, und diese Forderung kulminierte auf dem 5. Plenum des Zentralkomitees der SED 1951 im Aufruf zum „Kampf gegen den Formalismus in Kunst und Literatur, für eine fortschrittliche deutsche Kultur" [9]. Damit wurde eine alte Debatte aus den dreißiger Jahren wieder aufgenommen und weitergeführt. Es handelt sich um die Auseinandersetzung zwischen den Vertretern des klassischen Erbes und dem Radikalismus der Futuristen und Formalisten, um jene Angriffe auf Joyce, Proust und Dos Passos auf dem 1. sowjetischen Schriftstellerkongreß, um Lukács' Ablehnung der Expressionisten und um seinen Streit mit Brecht über Formalismus und Realismus. Zurückgreifend auf diese Jahre übernahm man die Doktrin des sozialistischen Realismus und hielt sie lange unverändert fest als Waffe gegen Dekadenz und formalistische Spielerei und als Werkzeug, mit dem das Volksbewußtsein zum Sozialismus zu erziehen war.

In der Übernahme des sozialistischen Realismus ließ die kulturpolitische Erörterung sämtliche Argumente unbeachtet, die Anna Seghers 1938/39 in einem Briefwechsel [10] über dieses Kunstideal mit Georg Lukács geführt hatte. Es ist bemerkenswert, daß Lukács' damaliger orthodoxer Standpunkt gegen die Dekadenzliteratur hier wieder aufgegriffen wurde, während Anna Seghers ihre einstige Befürwortung des Formexperiments — wenn auch gemäßigt — als unvermeidlichen Versuch eines neuen Inhalts

---

[8] *ibid.* S. 81.
[9] *Einheit*, 6 (1951), S. 579—592.
[10] *Internationale Literatur, Deutsche Blätter*, 9. Jhg. (1939), H. 5, S. 97—121.

noch einmal entgegensetzte. In ihrer Ansprache zum IV. Deutschen Schriftstellerkongreß erklärt sie sich zur Formalismusdebatte jener Tage: „Was wir Formalismus nennen, tritt in Erscheinung, wenn die Wirkung der Formen den Ausschlag gibt, anstatt daß die Formen zum entsprechenden Ausdruck des richtigen Inhalts werden [11]." Sie gesteht ein, daß sie selbst wie die meisten Schriftsteller irgendwann einmal „formalistisch" gefehlt habe, doch warnt sie nach wie vor vor übereiliger Kritik.

Für den Großteil der zurückgekehrten literarischen Emigrantengeneration schien es unmöglich, sich der Anforderung des sozialistischen Realismus (Betonung von Inhalt und Verständlichkeit) zu fügen und sich kulturpolitischen Direktiven (Rekonstruktion, positiver Held, nationales Sentiment) zu unterstellen. War ihnen zwar zweifellos an der sozialistischen Neuformierung dieses Teils von Deutschland gelegen, so erschien ihnen doch die kulturpolitische Disziplin verengend und regressiv. Die Beschränkung auf Formsimplizität, auf einen Themenkanon und auf unkritische Parteilichkeit mußte einer Generation als Affront erscheinen, die ihr Leben bisher unter vielen Opfern freiwillig dem demokratischen, humanen und antifaschistischen Kampf gewidmet hatte. Es gehörte zu ihrer Eigenart, in einem antagonistischen Verhältnis zu einem Staatssystem zu stehen, wo es politisch zu polemisieren galt. Die gesellschaftskritische Haltung war Ausdruck ihrer intellektuellen Moral. Die Außenseiterposition hatte sie zu literarischen Partisanen werden lassen, die Formwahl gehörte zu ihrer Guerillataktik ethischer Warnung. Aus dieser Perspektive erklärt es sich, zu welchem Maße das Aufheben einer bisher sich selbst abverlangten Verantwortlichkeit, das vollständige Einordnen in ein Staatssystem, das Aufgeben aller Eigenentscheidungen, ein fragenloser Gesellschaftsoptimismus von diesen Schriftstellern und Künstlern als usurpierende Entindividualisierung und ungerechte Negierung der Persönlichkeit empfunden wurde. Es war eben eine Exilgeneration von Voluntaristen und Sympathisanten, die der kommunistischen Ideologie zuneigten, die das Ideal, aber nicht die stalinistische Verwirklichung erfahren hatten. Und nun stieß die Intelligenz auf die Organisation, das freiwillige Engagement auf den zentralistischen Bürokratismus.

Die Verfestigung des ost-zonalen Deutschlands zu einem kommunistischen Staat glaubte man von sowjetischer Seite nur durch eine strikte Machtpolitik, nicht durch eine geistig zu erobernde, organisch wachsende

---

[11] Anna Seghers, *Die große Veränderung in unserer Literatur* (Berlin, DDR 1956), S. 28.

10

Überzeugung etablieren zu können. Somit wies der Zentralismus seinen künstlerischen Mitarbeitern ihre Rolle im gesamtgesellschaftlichen Getriebe zu, ohne sich jedoch lange mit ihren Einwänden auseinanderzusetzen. Der Kulturbetrieb in den Jahren 1949—1953 wurde dementsprechend zunehmend stärker zentral gelenkt und unterstand einer am 12. Juli 1951 gebildeten staatlichen Kommission für Kunstangelegenheiten. Sie beauftragte die Kunst und die Literatur, eine nationale Identität herzustellen, um dem klassenlosen Kosmopolitismus vorzubeugen, wie ihn der formalistische Modernismus anstrebte, und der indirekt den amerikanischen Imperialismus unterstützen könnte. Alle avantgardistischen Tendenzen, bürgerliche sowie proletarische, die während der Weimarer Republik und während der Exilperiode sich entwickelt hatten, wurden unterdrückt. Das forcierte kulturelle Klima dieser Zeit wirkte lähmend auf die künstlerischen Kräfte; der abrupte Umschwung zu neuen Theorien und das Bestehen auf Anpassung an die gestellten Forderungen bewirkte ihr Stagnieren. Die Kritik an der alten Garde von Schriftstellern wie Zweig, Brecht, Heinrich Mann, der man Formalismus und einen Mangel an revolutionärem Geist vorwarf, war zu rigoros und übergangslos, als daß diese den Versuch einer Umstellung hätte unternehmen mögen. Die alte Generation und ihr sogenannter „spätbürgerlicher Humanismus" hatten somit ausgedient, doch gab es noch keinen Nachwuchs, der sie ersetzt hätte.

3. Tauwettertendenzen (1953—56)

Nach Stalins Tod 1953 brach die starre Haltung der vorangegangenen Jahre etwas auf. Zunächst jedoch blieb das bis dahin gültige kulturpolitische Konzept in Effekt. Erst auf dem 4. Schriftstellerkongreß im Januar 1956 wagte man sich nach und nach mit Kritik und Zweifeln daran hervor. Anna Seghers zum Beispiel gab zu bedenken, daß die neue Literatur voller Schematismus und voller Scheinkonflikte sei, doch führte sie dies auf eine oberflächliche sozialistische Haltung der Autoren zurück. Auf diesem Schriftstellerkongreß sprach man sich auch aus gegen den zunehmenden literarischen Provinzialismus und bestand auf der Wiedereinführung experimentaler Literatur. Stephan Hermlin verlangte zudem die Veröffentlichung der Gesamtwerke von Sartre, Hemingway, Faulkner und Steinbeck. Alle diese Forderungen fanden jedoch wenig Widerhall bis nach dem 20. Kongreß der KPdSU am 22. Februar 1956, als Chruschtschow seine berühmte Anti-Stalinrede hielt: hier griff er den Personenkult und Dogmatismus der Stalinära an, was schließlich die sogenannte Tauwetterperiode einleitete.

Nach der Chruschtschowrede fühlte sich die SED zu gewissen Zugeständnissen gezwungen und erklärte durch den Kulturfunktionär Alexander Abusch, daß außer dem Realismus auch andere Kunstmethoden angewendet werden dürften. Die generelle Auflockerung gab besonders unorthodoxen Marxisten neuen Auftrieb. Vor allem wurde von philosophischer Seite ein Durchbruch zum kritischen Marxismus unternommen. So sprach sich Ernst Bloch, der von 1948 bis 1961 in der DDR weilte, 1955 in einer Vorlesungsserie in Ost-Berlin gegen den forcierten Optimismus und gegen die sozialistische Perspektive aus, die von allen Künstlern und Gelehrten gefordert wurde. Ein Niederschlag dieser Stimmung läßt sich in der Leipziger *Deutschen Zeitschrift für Philosophie* von 1955 und 1956 ablesen. Auch der Germanist Hans Mayer ergriff die Initiative in einem Aufsatz Anfang Dezember 1956 zur damaligen Lage der DDR-Literatur und verlangte darin die Rückkehr zur Literatur des 20. Jahrhunderts, wolle man aus der sterilen Isolation herausfinden [12]. Im übrigen, meinte er, müsse man viele administrative und bürokratische Hemmnisse beseitigen, wenn sich die Dinge im literarischen Leben zum Besseren wenden sollten.

4. *Rückschlag der Partei*
   gegen ideologische Aufweichung (1957—1959)

Im Nachhinein zu den Aufständen in Polen und Ungarn, und von Unruhen im eigenen Lande geplagt, erachtete es Chruschtschow für notwendig, die Liberalisierungstendenzen zu unterbinden. Im Sommer 1957 sprach er sich aus gegen Kritiker, die die Fehler der Vergangenheit mißbrauchten, um gegen Regierung und Partei zu polemisieren. Daraufhin schlug auch die SED vom Juli 1957 an wieder einen strengeren Kurs ein. In den folgenden zwei Jahren wird dem „Abweichlertum", jenen Verteidigern ideologischer Koexistenz, von der Partei her ein Ende gesetzt. Dem in der „Tauwetterperiode" unter Johannes R. Bechers Leitung gebildeten Kultusministerium wird im Oktober 1957 wieder eine Kommission für Fragen der Kultur beim Politbüro des Zentralkomitees übergeordnet. Eine

---

[12] zuerst in *Sonntag*, 2. Dez. 1956 (Berlin, DDR), dann in: Hans Mayer, *Zur deutschen Literatur der Zeit.*

Säuberungsaktion gegen die „Revisionisten" setzt ein: Wolfgang Harich, damaliger Herausgeber der *Deutschen Zeitschrift für Philosophie*, wird inhaftiert, die Bücher von Lukács werden zurückgezogen, Ernst Bloch wird zwangspensioniert und damit zum Schweigen verurteilt, so daß er sich wie viele andere vor und nach ihm (Uwe Johnson, Alfred Kantorowicz und schließlich Hans Mayer) 1961 für die Bundesrepublik entscheidet. Ernst Bloch umreißt seine Situation in seinem Abschiedsschreiben an den Präsidenten der Akademie der Wissenschaften in Berlin folgendermaßen: „Ich wurde in Isolierung getrieben, hatte keine Möglichkeit zu lehren, der Kontakt mit Studenten wurde unterbrochen, meine besten Schüler wurden verfolgt, bestraft, die Möglichkeit für publizistisches Wirken wurde unterbunden, ich konnte in keiner Zeitschrift veröffentlichen ... So entstand die Tendenz, mich in Schweigen zu begraben [13]."

5. Kulturelle Integration des Proletariats durch den Bitterfelder Weg (1959—61)

Eine neue Phase in der sozialistischen Kulturpolitik beginnt am 24. April 1959 auf einer Konferenz im elektrochemischen Kombinat Bitterfeld. Sie leiht ihren Namen einer Doktrin, deren Konzept schon auf dem V. Parteitag 1958 definiert worden war. Es ist die Aufforderung an die Arbeiterklasse, „die Höhen der Kultur zu erstürmen" und von ihnen Besitz zu ergreifen. Dieses Schlagwort wurde dann zum Leitmotiv in Ulbrichts Bitterfelder Rede [14]. Da die Ansicht und Absicht der Partei von vielen Berufsschriftstellern nicht genügend verstanden worden sei und daher die kulturellen Leistungen im Vergleich zum wirtschaftlichen Erfolg im Rückstand schienen, sollte das kulturelle Schaffen dadurch intensiviert werden, daß man ihm durch den Einbezug der Arbeiter neue Talente zuführte und damit neue Substanz ermöglichte. Die Etappe der Bewältigung der Vergangenheit glaubte man überwunden und den Übergang zu einer sozialistischen Lebensart vollzogen. Eine neue Aufgabe stand somit bevor, das neue sozialistische Leben sollte nun endlich zum Inhalt der Literatur werden. Vor allem ging es in dieser neuen Phase auch darum, die noch be-

[13] *DDR 1945—1970: Geschichte und Bestandaufnahme*, Hg. Ernst Deuerlin (München 1966), S. 241.
[14] Walter Ulbricht, „Fragen der Entwicklung der sozialistischen Literatur und Kultur" in *Zur Sozialistischen Kulturrevolution, II* (Berlin, DDR 1960), S. 445—477.

stehende Trennung von Kunst und Leben, die Entfremdung von Künstler und Volk zu überwinden. Der allseitig integrierte Mensch, der arbeitende Schreiber und der schreibende Arbeiter sollten dieses Ideal des Zusammenwirkens realisieren. „Greif zur Feder, Kumpel! Die sozialistische Nationalkultur braucht dich" war deshalb die Parole dieser Konferenz. Man hoffte aus den Reihen der Arbeiter Schriftsteller für neue Werke der sozialistischen Nationalliteratur zu gewinnen; gleichzeitig sollten bisherige Berufsschriftsteller den umgekehrten Weg gehen, ihre Schreibtische verlassen und sich an der ökonomischen Basis in Industrie und Landwirtschaft ansiedeln und dort tätig mithelfen. Aus der Nähe der erlebten Wirklichkeit sollten sie Erkenntnis und Verständnis für das Neue im sozialistischen Aufbau der DDR schöpfen und so bessere neue Werke schaffen. Die Berufsschriftsteller blieben gegenüber der Idee der Basiserweiterung skeptisch („jetzt kommt die Zeit der Nichtkönner"); Laienschriftsteller jedoch suchten dem Appell mit allerlei Geschriebenem zu entsprechen, von dem sehr vieles nicht unbedingt der tieferen Bedeutung des Bitterfelder Weges entsprach und von sozialistischem Gedankengut wenig verriet. Als Beispiel das folgende [15]:

> Wenn die weißen Margueriten
> wieder auf der Wiese stehn
> und viele blaue Glockenblüten,
> dann werd' ich dich wiedersehn.
> Denn ich weiß,
> du kommst ja wieder,
> sagt es mir doch
> jeder Gruß.
> Frohe, sommerliche Lieder
> wecken neu den letzten Kuß.

Daneben reimte man aber auch utilitarische Poesie, die das sozialistische Bewußtsein in einfachster Weise verkörperte. So zum Beispiel [16]:

> Pflege sorgsam die Maschine,
> damit sie deiner Arbeit diene.
> Vermeide leeren Lauf!

[15] zitiert nach Wolfgang Fabig, „Greif zur Feder, Kumpel!", in *Deutsche Fragen* (Berlin, BRD), Jan. 1969, S. 14.
[16] ibid.

Doch hast du nichts für sie zu tun,
dann soll auch die Maschine ruhn,
denn Schonung braucht sie auch.

. . .

Und wenn nach des Tages Hast
du dich dann gewaschen hast
vom Scheitel bis zur Sohle,
dann dreh' zu den Wasserhahn!
Wasser kostet Kohle!

„Ich könnte natürlich auch Prosa schreiben", meinte ein sich aufgerufen glaubendes Talent, „das ginge schneller. Aber ich fürchte, dann ist es keine Kunst — darum mache ich lieber Gedichte [17]."

Neben diesen treuherzigen Reimen entwickelte sich aber auch Anspruchsvolleres wie das folgende Gedicht eines Arbeiters, der Heines „Ich weiß nicht, was soll es bedeuten" ins Zukünftige transportiert und dabei den Volksliedton beibehält [18]:

Ich schreibe — versuche zu deuten —
ich schreibe ein kleines Gedicht
von Menschen, von kommenden Zeiten
und . . . von meiner täglichen Schicht.
Ich schreibe — und das wird sich zeigen —
ich schreibe vom Fluge zum Mond
und wie wir den Plan übersteigen
und wie das für alle sich lohnt.
Und dann, ja, was schreibe ich weiter?
Warum hatten wir's denn geschafft?
Ich schreibe: Wir wurden gescheiter,
indem wir vereinten die Kraft.
Die Kraft — so gemeinsam zu werken,
daß einer den anderen stützt . . .
Ich schreibe: den anderen stärken,
das ist's, was dir selber gut nützt!
Ich habe noch vieles zu sagen,
nicht nur von der täglichen Schicht.

[17] ibid.
[18] Fabig, „Greif zur Feder, Kumpel!", in *Deutsche Fragen*, Feb. 1969, S. 34.

Aus hundert verschiedenen Fragen
wächst hundertmal neu ein Gedicht.

Das Konzept des Arbeiters als Schriftsteller führt zur Gründung von Laienzirkeln, wo Amateurliteraten ihre Probleme besprechen, und zu Brigadetagebüchern, in denen sie die Vorkommnisse in Arbeit und Leben der Betriebsmitglieder festhalten. Der Bitterfelder Weg vertritt die Auffassung, daß das Schreiben erlernt werden könne, und das Zentralhaus für Kulturarbeit unterhält in jedem Bezirk Branchen, in denen dieses Ziel aktiv verfolgt wird. In der seit 1960 erscheinenden Monatsschrift *Ich schreibe* werden dazu methodische Anleitungen, literaturhistorische und literarische Grundbegriffe und Proben von schreibenden Arbeitern veröffentlicht.

An etablierten Schriftstellern stehen um diesen Zeitpunkt noch Vertreter der älteren Generation im Vordergrund, wie Bruno Apitz mit *Nackt unter Wölfen* (1958) und vor allem Anna Seghers mit *Die Entscheidung* (1959). Im Verlauf der nächsten Jahre stellt sich dann heraus, daß Seghers mit diesem Roman auf das literarische Schaffen weit einflußreicher war, als dies der Aufruf des Bitterfelder Wegs sein konnte. Ihr Thema der individuellen Entscheidung zur DDR sowie die Beschreibung des sozialistischen Aufbaus wird einer neuen Schriftstellergeneration programmatisch. Hierher gehören: Brigitte Reimann mit *Ankunft im Alltag* (1961), Jurij Brezan mit *Eine Liebesgeschichte* (1962) und Christa Wolf mit *Der geteilte Himmel* (1963).

6. Kulturpolitische Konsolidierung und Dissens (1961—65)

Mit dem ökonomischen Aufschwung, der sich nach dem Mauerbau 1961 in der DDR sehr bald abzeichnete, erstarkte das Selbstbewußtsein des Regimes, und es schien sich damit auch das kulturelle Klima zu entspannen. Man glaubte erwarten zu können, daß die Abgrenzung gegenüber der Außenwelt eine gewisse kulturelle Bewegungsfreiheit im Innern ermöglichen würde. Diese vermeintliche Lage wahrnehmend, forderten Schriftsteller und Gelehrte verschiedener Gebiete die Möglichkeit der freien und kritischen Auseinandersetzung; sie mußten jedoch sehr bald erfahren, daß ihre Forderung nicht nur kein Entgegenkommen fand, sondern auch, daß sie selbst zum Schweigen verurteilt wurden. Die Stimmen, die hier innerhalb der akzeptierten Ideologie offenen Meinungsaustausch verlangten,

16

machen den Dissens dieser Jahre aus. Sie waren die ersten Vorläufer dessen, was man später unter „Sozialismus mit menschlichem Gesicht" oder unter dem „Prager Human-Marxismus" verstehen sollte.

Unter den Gelehrten-Dissentern verlangte der Chemieprofessor Robert Havemann, wie Bloch und Mayer vor ihm, noch einmal die Möglichkeit der Kritik: in Vorlesungen forderte er größere Informationsfreiheit für die Bürger der DDR und die Öffnung zumindest der geistigen Grenzen gegenüber dem Westen. Er sprach darüber, daß zu allen Zeiten reaktionäre Regime danach gestrebt hätten, das Volk in Dummheit zu halten, indem sie individuelles Streben beschnitten und einengten durch Anordnungen und Grundsätze; niemals noch hätte eine Welt umgewälzt werden können, wenn sich die Revolutionäre von der übrigen Welt isoliert hätten [19]. Unvermeidliche Folge war, daß Havemann von der Universität entlassen wurde.

Ähnlich erging es dem Lyriker Wolf Biermann mit seinen kritischen Liedern und Gedichten, die die Unbeweglichkeit in den Anschauungen älterer Parteimitglieder beklagen und den Anspruch der Jugend vertreten auf politische Selbstverwirklichung, zwar innerhalb der kommunistischen Ideologie, aber neuen Erkenntnissen folgend. Biermann geriet bald in den Verruf des radikalen Anarchisten und erhielt letzten Endes Auftrittsverbot.

Auch Peter Huchel, der als Herausgeber Autoren wie H. J. Jahnn, Walter Jens, Klaus Wagenbach, Paul Celan, Ilse Aichinger, Günter Eich in *Sinn und Form* veröffentlichte, wurde schließlich 1962 von Willi Bredel als Wanderer zwischen zwei Welten angegriffen. Ende des gleichen Jahres verlor Huchel seine Stellung, und es erschienen von da ab lange keine westlichen Schriften mehr in der Zeitschrift.

Als Karl Mickel 1961 zu unterscheiden wagte zwischen einer echten, spontanen Lyrik und einer agitatorischen für Alltagszwecke, forderte er die scharfe Erwiderung Walter Ulbrichts auf dem 14. Plenum des Zentralkomitees der SED im November 1961 heraus. Ulbricht charakterisierte eine derartige Unterscheidung als Verspottung der sozialistischen realistischen Kunst und verwarf spontanes Schöpfen als Fetisch, der sich der Dekadenz der spätbürgerlichen Kunst verschreibe.

Unter den bis dahin wegen ihrer als negativ empfundenen Weltschau zurückgewiesenen Autoren versuchte man nun auch Kafka wieder in die

---

[19] *Der Spiegel*, 23. März 1964, S. 38—49. Siehe auch: Robert Havemann, *Dialektik ohne Dogma* (Reinbeck 1964) und *Fragen, Antworten, Fragen* (München 1970).

Diskussion miteinzubeziehen. Es erschienen hintereinander mehrere Arbeiten, die sich mit dem Phänomen Kafka auseinandersetzten [20]. Als jedoch Ansichten vertreten wurden, wie die von Ernst Fischer 1963, daß nämlich die für Kafka charakteristische Entfremdung auch im Sozialismus nicht überwunden sei, und dieser Dichter deshalb auch dem sozialistischen Menschen etwas zu sagen habe, widersprach man von offizieller Seite aufs heftigste. Ähnlich erging es der Verteidigung des Expressionismus als humaner, unzweifelhaft sozial engagierter Kunst, die nicht mit anderen modernistischen Tendenzen zu verwechseln sei. Man stellte heraus, daß die Entwicklung des sozialistischen Realismus dem Expressionismus durchaus verpflichtet sei und plädierte für den da angewendeten Formenreichtum wie Montage oder Simultanität. Auch hier blieb die Kulturpolitik unüberzeugbar. Der Kulturfunktionär Alfred Kurella lehnte diese Thesen mit der Begründung ab, daß zwischen sozialistischem Realismus und Expressionismus ein klarer Bruch vorliege. Dieser Anschauung wurde im Sommer 1962 zusätzlich Gewicht verliehen, als Chruschtschow anläßlich einer ersten Ausstellung abstrakter Kunst alle unrealistische Kunst als pathologische Verzerrung und miserable Nachahmung der bürgerlichen Wertung verdammte.

Auf kulturpolitischer Seite faßte man alle diese Gegenentwürfe zur offiziellen Haltung als Strategie im Bemühen um eine ideologische Koexistenz auf. Man mußte erkennen, daß die Meinungsverschiedenheiten der „revisionistischen" Periode (1956—57) noch immer nicht ausgetragen oder überwunden waren. Es galt somit, für die Kulturpolitik einen unbeugsamen Standpunkt zu beziehen und die Abweichler öffentlich anzuprangern. Die Gelegenheit dazu ergab sich auf dem 11. Plenum der SED 1965, als man vor allem den Neukonformismus der Lyrik zum Exempel nahm und seine Anhänger als Verräter an der sozialistischen Kunst stempelte, obwohl die so Protestierenden im allgemeinen als Minderheit galten. Die Diskussion, geführt vor dem Hintergrund eines machtvollen, breiten Aufschwungs des sozialistischen Kulturlebens, weise nämlich darauf hin, daß sich die Politik der Partei im Bereich der Kultur auch in der Praxis als richtig erwiesen habe. Und es ist wahr, daß auch auf westlicher Seite neben der Popularität eines Wolf Biermann die DDR-Literatur nach kulturpolitischer Vorlage ebenfalls allmählich Aufmerksamkeit erregte.

---

[20] so z. B. Helmut Richter, *Franz Kafka. Welt und Entwurf*, 1962.

So z. B. die Romane *Der geteilte Himmel* von Christa Wolf, *Ole Bienkopp* von Erwin Strittmatter und *Die Aula* von Hermann Kant.

Mit dem Mauerbau am 13. August 1961 erübrigte sich in der DDR das literarische Thema der „nationalen Entscheidung", wie es von Seghers vorgeformt worden war; es wird nun statt dessen der weitere Ausbau und die Höherentwicklung des sozialistischen Bewußtseins als Modell in den Vordergrund gestellt. Der literarische Konflikt bezieht sich jetzt auf Probleme im Wachstum des neuen sozialistischen Menschen im neu gestalteten Staat. In der DDR-Perspektive handelt es sich dabei um die zunehmende literarische Bewältigung von Konflikten des bewußt um den Aufbau der neuen Gesellschaft ringenden Menschen. Damit ersteht für die DDR ein neuer Typ von literarischer Gestalt. Es handelt sich nun nicht mehr um den Übergangshelden, dessen Hinüberwachsen von der bürgerlichen zur sozialistischen Einstellung bis dahin die literarische Darstellung vorrangig bestimmte. Die neue Literatur hat nun vielmehr Konflikte von solchen Menschen zu gestalten, die sich bereits bewußt zur sozialistischen Entwicklung bekennen und, indem sie sich für sie einsetzen, um die Überwindung der tausendfältigen Widersprüche des innersozialistischen Aufbaus kämpfen[21]. Mit dieser thematischen Änderung setzt also eine Phase ein, die nun nicht mehr die beiden Staatssysteme miteinander vergleicht, sondern, nach Innen blickend, neue Ziele aufdeckt. Die jungen Schriftsteller sehen jetzt ihre Aufgabe darin, die geistige Formung des Menschen in der sozialistischen Gesellschaftsordnung aufzuzeigen und diese damit zugleich zu bestimmen, um so wiederum selbst Ausdruck der Entwicklung der sozialistischen Nationalkultur zu sein. Typisch für diese Gruppe von Autoren ist Erik Neutsch mit seinem 1964 erschienen Roman *Spur der Steine*.

Die auf dem VI. Parteitag vorgenommene und im Programm der SED niedergelegte Bestimmung des sozialistischen Menschenbildes als des sich innerhalb der Gesellschaft entwickelnden einzelnen, der sich immer als Glied der Gesellschaft, nie als in erster Linie eigenverantwortliches Individuum fühlt, dominiert bis heute. Wörtlich heißt es im SED-Programm wie folgt: „In dem Menschen der sozialistischen Gesellschaft prägen sich die hohen sittlichen Eigenschaften aus, die für die neue Moral des einzelnen und der Gemeinschaft bestimmend sind. Er ist bestrebt, ein wissender Mensch, eine allseitig gebildete Persönlichkeit zu werden, bewußt das Leben zu gestalten und an der Entwicklung unserer sozialistischen Demo-

---

[21] *Kultur in unserer Zeit*, S. 139.

kratie schöpferisch teilzunehmen. Für ihn gehören Menschenwürde und Gerechtigkeit zu den Grundsätzen des neuen Lebens [22]."

7. Etablierung einer Nationalliteratur der DDR (1965—1971)

In dieser Zeitspanne empfand der ostdeutsche Sozialismus sich als in einem „entwickelten" sozialistischen Stadium befindlich. Ebenso wie die moderne wirtschaftliche Produktion in der DDR den selbständig denkenden, sicher reagierenden, wissenschaftlich gebildeten Werktätigen voraussetzen mußte, so habe dieser erhöhten Leistungsfähigkeit auch ein höher entwickeltes ideologisches Verständnis zu entsprechen. Wie der Arbeiter oder Werktätige im ökonomischen Bereich leitend und planend mitwirken muß, so solle er sich auch die marxistisch-leninistische Theorie erschließen und sie in ihrer ganzen Implikation als Weltanschauung begreifen. Seine allseitige Bildung soll „perspektivisch" sehen und vorwärtsweisend denken lernen. Dies soll ihn von der Richtigkeit der sozialistischen Lebensweise überzeugen, ihn zur Mitarbeit an der Zukunftsgestaltung befähigen und ihm Selbstsicherheit und Vertrauen vermitteln. Aufgabe der Künstler und Schriftsteller ist es dabei, dieses Ziel verwirklichen zu helfen: sie haben Menschen vorzustellen, die das sozialistische Leben bewußt gestalten. Mit solchen schöpferischen Leistungen, in denen die Werktätigen die Gegenwart, ihre Probleme, Gefühle und Gedanken gestaltet finden, soll der Künstler dem Arbeiter Freude, Anregung und Selbsterkenntnis vermitteln [23].

Mit der Orientierung auf den seiner Stellung im sozialen Gefüge sich bewußt werdenden Menschen beginnt eine Periode der nationalen Verinnerlichung. Hatte man bisher von „Weltniveau" gesprochen, so verlagerte sich die Ausrichtung nun gänzlich auf Innerstaatlichkeit. Kunst und Literatur sollen jetzt endgültig einen sozialistischen Nationalcharakter annehmen ohne irgendwelche ideologischen Konzessionen an den Westen. Während der letzten Regierungsphase von Walter Ulbricht von 1966 bis 1971 verschwand die westliche Literatur völlig aus Sinn und Form sowie aus der Zeitschrift Neue Deutsche Literatur. Betont wurde dagegen die Herausbildung einer sozialistischen DDR-Literatur, die die Gestaltung der

---

[22] Programm der Sozialistischen Einheitspartei Deutschlands (Berlin, DDR 1963).
[23] VIII. Parteitag der SED (Juni 1971), S. 38.

20

„Ankunft im Sozialismus" beziehungsweise die „Entscheidung für den Sozialismus" ablösen sollte mit einer introspektiven Darstellung des „sozialistischen Ausbaus". Eine derartige Innenschau bedingt einen gewissen Subjektivismus, eine „innere engere Verflechtung persönlicher und gesellschaftlicher Interessen im Prozeß der sozialistischen Entwicklung, [die] ... die Voraussetzung für eine hohe Selbstverantwortung des einzelnen schafft"[24]. Dieses Maß an zielgerichteter Parteilichkeit verfehlten damals nach sozialistischem Urteil Rainer Kunze und Christa Wolf (*Nachdenken über Christa T.*), indem sie einer Spontaneität verfielen, die im Privatbezug ihres Bewußtseins die sozialistische Entwicklung verkannt habe. Auf dem VI. Deutschen Schriftstellerkongreß wurde 1969 deutlich darauf hingewiesen, daß gesellschaftlichem Subjektivismus durch strenge Wissenschaftlichkeit und Kollektivität vorgebeugt werden könne. Walter Schulz glaubt dies erreichen zu können in einem „hochschulmäßigen Weiterbildungssystem ... einer Literaturhochschule Johannes R. Becher ... und vielfachen Möglichkeiten der Kooperation mit Universitäten, Forschungsinstituten und der industriellen Praxis"[25]. Erik Neutsch schlug dazu vor, daß die Überschaubarkeit unserer Welt nurmehr im Kollektiv zu erarbeiten sei, was nicht bedeuten solle, daß hundert Menschen einen Roman schreiben könnten, sondern daß hundert Menschen oder vielleicht noch mehr dazugehören, die Kompliziertheit des Lebens zu erfassen[26]. Zu den für diese Periode typischen Romanen gehören Alfred Wellm: *Pause für Wanzka oder die Reise nach Descansar*, Werner Heiduczek: *Abschied von den Engeln*, Anna Seghers: *Das Vertrauen*, Günter de Bruyn: *Buridans Esel*. Sie sind alle 1968 erschienen.

Ulbrichts Idee einer Nationalliteratur basierte auf seiner Abkapselungsdoktrin, die darauf hinauslief, den sozialistischen Fortschritt aus eigener Kraft hervorzubringen. Anstatt auf wirtschaftliche Hilfe oder Datenaustausch mit dem Westen einzugehen, hat demnach die sozialistische Staatengemeinschaft jedes wichtige politische, militärische, wissenschaftlich-technische, ökonomische oder sonstige Problem selbständig zu lösen. Diese 1968 vertretene Haltung wollte den zu dieser Zeit einsetzenden Entspannungstendenzen zwischen Ost und West entgegenwirken. Dementsprechend hatte sich auch die Literatur dieser Zeit ganz nach Innen zu orientieren. Es trat jedoch bald eine neue Wende ein.

[24] Schubbe, S. 1302.
[25] *Neue Deutsche Literatur* 9, 1969, S. 35.
[26] *ibid.*, S. 55.

8. Liberalisierte Neuorientierung (1971 — heute).

1971 mußte der alternde und kränkelnde Ulbricht schließlich die Zügel als Parteivorsitzender aus der Hand geben, und Erich Honecker übernahm die Parteiführung. Unter seinem Vorsitz wurde Ulbrichts Isolationalismus überwunden, indem Honecker sich den Absichten der sowjetischen Detentepolitik zuordnete. Die DDR knüpfte weltweit diplomatische Beziehungen an und nahm das Gespräch auch mit der Bundesrepublik auf. Diese nach außen blickende Haltung brachte auch für die Kulturpolitik die Tendenz zur Liberalisierung mit sich: sie beruhte auf dem Standpunkt, daß es keine geistigen Tabus zu geben brauche, wenn man in der gedanklichen Auseinandersetzung ausgeht von einer festen Position des Sozialismus, also von einer ideologischen Überzeugtheit. Von nun an sollte das verengte „Kleinbürgerlich-hinter-dem-Ofen-Mosern" aufgebrochen werden zugunsten einer neuen Spannweite schöpferischer Möglichkeiten und fruchtbarer Auseinandersetzungen. Freie Meinungsstreite werden nun erlaubt und für Kunst und Literatur eine neuartige Vielfalt von Themen, Inhalten, Gestaltungsweisen und Stilen eingeräumt. Damit wird man in Zukunft auch kontroverse DDR-Manuskripte akzeptieren und sie nicht mehr wie bisher nur im Westen erscheinen lassen. Bewiesen hat sich das bereits durch die Veröffentlichung von einem so ungewohnten Text wie Plenzdorfs *Neue Leiden des jungen W.* sowie Günter Kunerts Amerikaimpressionen in dem 1974 im Aufbauverlag erschienenen Buch *Der andere Planet*.

Innerhalb der sich abzeichnenden Lockerungen besteht jedoch weiterhin das Gebot der weltanschaulichen Abgrenzung gegenüber dem „Imperialismus" und einem Modernismus, der in seiner uferlosen Vorstellung von Realismus den Bezug zum sozialistischen Leben auslasse [27]. Stärker verfolgt werden wird von nun an wahrscheinlich der Aufruf nach einem literarischen Einbezug der sozialistischen Staatengemeinschaft. Hiermit wäre jene politische Haltung abgelegt, die sich vor allem auf das eigene Land ausrichtete. Weil die marxistisch-leninistischen Aufgaben nicht ausschließlich in der nationalen Orientierung zu lösen sind, rückt die internationale sozialistische Integration in den Vordergrund. Ein derartiges Öffnen der Grenzen gegenüber den Bruderstaaten stellt für die DDR zugleich ein geeignetes psychologisches Ventil dar für angestaute Spannungen einer allzu

---

[27] Kurt Hager, *SED. Zu Fragen der Kulturpolitik der SED* (Berlin, DDR 1972), S. 34.

langen Abgeschlossenheit von der Welt. Eine Horizonterweiterung dieser Art, wenn auch nur auf die Bruderländer beschränkt, wird in der Suche nach Übergreifendem, nach Verbindendem zwischen den verschiedenen Völkern und ihren Eigenarten, auch den Aspekt gegenseitig übertragbarer Menschlichkeit fördern. Die literarische Gestaltung richtet sich jedoch trotzdem sicher auch fernerhin am übergeordneten Modell einer allseitig entwickelten sozialistischen Persönlichkeit aus und verfolgt die Herausbildung einer dazugehörigen sozialistischen Lebensweise.

In jüngster Zeit beginnt in der DDR und über ihre Grenzen hinaus wiederum eine neue Schriftstellergeneration von sich hören zu machen, die diese neuen Richtlinien zwar noch nicht allgemein verwirklicht haben, die aber bereits innovativ den neuen Liberalisierungstrend aufgreifen. Es sind dies junge Literaten, die sich vor allem von ihren vorangehenden Kollegen darin unterscheiden, daß sie den 2. Weltkrieg und den Faschismus kaum bewußt erlebt haben und sich ihre Entwicklung ganz innerhalb des sich entwickelnden DDR-Staats vollzog. Die sozialistische Lebenserfahrung ist ihnen deshalb Grunderlebnis, und nicht mehr, wie bei ihren Vorgängern, die als Jugendlicher erlebten Hitlerjahre und der darauf folgende Wiederaufbau. Ihre abgehandelten Probleme stellen sie demzufolge aus der Perspektive jugendlicher Selbstverwirklichung dar, während die vorausgegangene Generation nun ihre im mittleren Alter erreichten Positionen immer wieder selbstkritisch zu durchdenken hat. Für die mittlere Generation sind vor allem die folgenden Romane von Bedeutung: Hermann Kant, *Das Impressum* (1972); Erik Neutsch, *Auf der Suche nach Gatt* (1973), Karl-Heinz Jakobs, *Die Interviewer* (1973) und Brigitte Reimann, *Franziska Linkerhand* (1974). Das überraschendste Beispiel der Literatur der jüngsten Generation ist Ulrich Plenzdorfs Buch *Die Neuen Leiden des jungen W.* (1973), dessen Thema der jugendlichen Rebellion nun auch ins sozialistische Ausland verlegt, Rolf Schneider im Roman *Die Reise nach Jaroslaw* (1974) wieder aufnimmt.

LITERATURWISSENSCHAFTLICHE MITPRÄGUNG AM SOZIALISTISCHEN BEWUSSTSEIN

Das auf Parteitagen festgelegte offizielle Kulturprogramm wird von der Literaturwissenschaft in eingehender Auseinandersetzung aufgegriffen und verarbeitet [28]. Die Aufgabe der Literaturwissenschaft ist in diesem Zusammenhang exegetisch und versteht sich darin, den sozialistischen Bewußtmachungsprozeß zu vertiefen. Diese vermittelnde Funktion rückt seit Mitte der sechziger Jahre in den Vordergrund, nachdem in der zweiten Bitterfelder Konferenz der Literaturwissenschaft wiederholt vorgeworfen worden war, daß sie sich abseits gehalten habe vom gemeingesellschaftlichen Anliegen. In gleicher Absicht wurde auf einem Beschluß des Politbüros über die weitere Entwicklung der marxistisch-leninistischen Gesellschaftswissenschaft in der DDR gerügt, daß auf den Gebieten Kunst,

[28] Die von Parteifunktionären erarbeiteten Leitlinien zur Kulturpolitik erscheinen zunächst als öffentliche Berichte der SED. Sie erfahren dann ihre erste Analyse auf parteilicher Ebene in Organen der SED, so zum Beispiel in *Einheit*, einer Zeitschrift für Theorie und Praxis, herausgegeben vom Zentralkomitee der SED. Die kulturpolitischen Direktiven werden daraufhin von Literaturwissenschaftlern in intellektuell anspruchsvoller und differenzierter Ausarbeitung als Literaturtheorie in der Zeitschrift *Weimarer Beiträge*, eine 1955 begründete Monatsschrift für Literaturwissenschaft, Ästhetik und Kulturtheorie, veröffentlicht. Sie ist das wichtigste Publikationsorgan für marxistische Forschungsergebnisse auf literaturtheoretischem Gebiet. Gesichtspunkte von Autoren und ihre Stellungnahme zum Verwirklichungsprozeß literarpolitischer Leitlinien kommen zum Ausdruck in der Zeitschrift *Neue Deutsche Literatur*, die der Schriftstellerverband der DDR seit 1952 monatlich herausgibt. In Interviews und Werkstattgesprächen mit Autoren werden die Aufgaben und Probleme künstlerischen Schaffens besprochen, und es stellen sich Vorabdrucke entstehender Arbeiten zur Diskussion und Kritik. Auch *Sinn und Form*, eine von J. R. Becher 1949 gegründete Zeitschrift, stellt literarische Ergebnisse junger Talente zur Diskussion vor, wie es im Falle Plenzdorfs geschah. Die Zeitschrift bringt auch internationale Literatur, insofern sie einen richtungweisenden Trend verfolgt. Weiterhin ist die vom Präsidialrat des Deutschen Kulturbundes seit 1946 herausgegebene Wochenzeitung *Sonntag* von Bedeutung. Ihr Profil ist bestimmt von Grundfragen zur sozialistischen Kulturpolitik der DDR und von Erörterungen zu Schaffensproblemen der Schriftsteller. Als letztes sei auf die Beilage des *Neuen Deutschland* für schöne und wissenschaftliche Literatur hingewiesen, die allmonatlich erscheint. Aus ihr lassen sich die neuesten Erscheinungen und Rezensionen ersehen, die zwar nur implicite über literaturtheoretische Probleme sich äußern.

Literaturwissenschaft, Ästhetik, Ethik und Sozialpsychologie der nötige Einsatz zur Förderung des sozialistischen Selbstverständnisses verhältnismäßig vernachlässigt worden war. Deshalb wurde daraufhin die Erforschung von sozialistischen evolutionären Gesetzmäßigkeiten betont als eine wesentliche Voraussetzung für die prognostische Tätigkeit zur Entwicklung des sozialistischen Bewußtseins und der sozialistischen Menschengemeinschaft. Dabei soll sich die Literaturwissenschaft an der gesamtgesellschaftlichen Bewegung orientieren, um dann eine Leitfunktion auf dem Gebiet der Literatur zu übernehmen. Darüber hinaus stellte der Beschluß des Staatsrats vom 30. 11. 1967 die Aufgabe, die Forschung aus der Hand des Einzelinterpreten zu nehmen, dessen Ideen und Wirkungskreis sich nur auf das eigene Interessengebiet beschränken und ihn statt dessen einer interdisziplinären Kollektivarbeit mit erweiterter und dynamischer Zielsetzung anzuschließen. Wörtlich wurde das folgendermaßen formuliert: „Um Maßstäbe für das künstlerische Schaffen der Gegenwart auszuarbeiten, müssen Isolierung, beschränktes Spezialistentum, kontemplative Betrachtungsweise und Unverbindlichkeit überwunden werden. Das erfordert die Beseitigung jeder Zerplitterung, eine planvolle, einheitliche und vielfältige sozialistische Gemeinschaftsarbeit [29]."

Weiterhin wurde kritisiert, daß sich die literaturwissenschaftliche Arbeit bis zu diesem Zeitpunkt auch noch allzusehr auf positivistisches Sammeln, Darbieten und Erklären beschränkte, was wiederum den Forscher daran hinderte, tiefere Zusammenhänge, Ursachen und Folgen bestimmter historischer Erscheinungen zu ermitteln. Vor allem habe die Forschung den marxistischen Grundsatz übersehen, daß nämlich wissenschaftliche Arbeit nicht nur darin bestehen könne, die Welt zu interpretieren, sondern daß die Verantwortung auch darin bestehe, Instrument ihrer Veränderung zu sein. Voraussetzung zur Erfüllung dieser sozialistischen Mission ist das Erkennen der kulturpolitischen Entwicklungslinien und des erreichten Entwicklungsstandes. „Auch die Schriftsteller und Künstler", so heißt es in einer Standpunktsdeklaration der *Weimarer Beiträge*, „bedürfen heute mehr denn je eines wissenschaftlich aufbereiteten kulturpolitischen und historischen Materials, um sich der besten Traditionen und ihrer Einbettung in die gesamtgesellschaftlichen Entwicklungsprozesse bewußt werden zu können [30]."

[29] *Weimarer Beiträge*, 3, 1968, S. 546.
[30] Anneliese Große, „Unser Standpunkt" in *Weimarer Beiträge* 1, 1970, S. 9.

Als man fast zwei Jahre später im Dezember 1971 eine von den *Weimarer Beiträgen* angestellte Umfrage an Prosaschriftsteller über ihr Verhältnis zur Literaturwissenschaft veröffentlichte, erwies sich deren isolierte Position noch immer als vorherrschend. Das Konzept einer gesamtgesellschaftlichen Orientierung war für dieses Gebiet bis dahin ohne Einfluß geblieben. Wohl hatte die Erforschung literarischer Gesetzmäßigkeiten in einem sozialistischen Gefüge begonnen, es waren dies jedoch innertheoretische Arbeiten eines kleinen Kreises geblieben; nur hypothetisch waren die literaturwissenschaftlichen Ergebnisse sowohl ohne Einbezug des künstlerisch Schaffenden erarbeitet wie auch ohne Bemühung um integrierende Verwirklichung in der Anwendung dargestellt worden. Auch die literaturgeschichtliche Aufarbeitung mit der Absicht einer Neufassung nach sozialistischen Gesichtspunkten stand noch im Anfang. Somit mußte die Frage, ob die Literaturwissenschaft dem Schriftsteller Zugang zur Literatur verschafft habe und die damit implizit verbundene Frage, ob literaturwissenschaftliche Ergebnisse den künstlerischen Prozeß mitbestimmen, selbst von den parteilichsten und prominentesten Prosaschreibern verneint werden [31].

Der Zustand der Beziehungslosigkeit von Kunstpraxis und Kunstwissenschaft wurde um die gleiche Zeit auch durch einen anderen Vorfall hervorgehoben. Adolf Endler, Lyriker und Mitherausgeber der 1966 erschienenen Lyrikanthologie *In diesem besseren Land*, kam mit einer Rezension heraus, die weit über das behandelte Buch *Verse, Dichter, Wirklichkeit* (Berlin und Weimar, 1970) des Germanisten Hans Richter hinauswies. Die Besprechung war Anlaß zu einer Polemik gegen die Literaturwissenschaft generell, gegen die Endler den folgenden Vorwurf erhob: „Die Ignoranz durch die Germanistik, die immer noch als eine dürre Gouvernante einen blühenden Garten beschimpft, macht den vollkommenen Abbruch der Beziehungen zwischen Germanisten und Poeten verständlich, der inzwischen perfekt geworden ist [32]." Die Repliken auf diese Kritik reagierten teils gereizt, teils selbstkritisch einlenkend und verwiesen im Meinungsstreit auf die noch bestehende Kluft zwischen Literaten und Literaturwissenschaftlern [33].

Erneute Stellungnahme zur fehlenden Praxisnähe der Literaturwissenschaft nehmen die Direktiven des VIII. Parteitags, unter denen Erich

---

[31] *Weimarer Beiträge* 12, 1972.
[32] Adolf Endler, „Im Zeichen der Inkonsequenz" in *Sinn und Form* 6, 1971, S. 1363.
[33] Rita Weber, *Weimarer Beiräge* 3, 1972; Martin Reso, *Sinn und Form* 2, 1972; Hans Richter, *Weimarer Beiträge* 9, 1972; Gunter Hartung, *Weimarer Beiträge* 12, 1972.

Honecker die Aufgaben der Kultur- und Kunstwissenschaften formuliert als „eine Entwicklung der Literatur- und Kunstkritik, um durch sie das Schaffen der Künstler noch besser zu unterstützen, zu fördern und auch herauszufordern" [34]. In einem sich darauf beziehenden Leitartikel der *Weimarer Beiträge* wird diese Verpflichtung folgendermaßen erklärt: „Unseren gesellschaftlichen Verhältnissen entspricht ein ständiger freundschaftlicher Dialog zwischen Schriftstellern und Literaturwissenschaftlern, der nicht nur durch die Kritik vermittelt wird, sondern bereits das entstehende literarische Werk beeinflußen kann und so den Literaturwissenschaftler als Ratgeber legitimiert, als Vermittler des gesellschaftlichen Auftraggebers [35]". Auftrag und Auslegung wiederum dieser kunstfördernden Funktion der Kunstkritik wurde erstellt in Anlehnung an einen Beschluß des Zentralkomitees der KPdSU, der festlegt: „Aufgabe der Kritik ist es, die Erscheinungen, Tendenzen und Gesetzmäßigkeiten des gegenwärtigen künstlerischen Prozesses gründlich zu analysieren, allseitig auf die Leninschen Prinzipien der Parteilichkeit und Volksverbundenheit hinzuwirken, für ein hohes ideologisch-ästhetisches Niveau der Kunst zu kämpfen und konsequent gegen die bürgerliche Ideologie aufzutreten. Die Literatur- und Kunstkritik ist aufgerufen, die Erweiterung des ideologischen Blickfeldes des Künstlers und die Vervollkommnung seiner Meisterschaft zu fördern [36]."

Die Führungsfunktion, die der Literaturwissenschaft in dieser Grundsatzerklärung bescheinigt wird, rückt ihre Aufgabe gegenüber der Literatur gefährlich in die Nähe ihrer Bevormundung. So definiert etwa Friedrich Möbius den problematischen Begriff „Leitungsausrichtung" als „ . . . differenzierte Einzelbeurteilung von Künstlern unter dem Gesichtspunkt ihrer Eignung für gesellschaftliche Aufträge, Beurteilung von Entwürfen und ihrer Realisierung im fertigen Werk [37]". Diese Worte zeugen von einem rigorosen Herrschaftsanspruch des Theoretikers, der zugunsten einer berechtigten Ebenbürtigkeit des Künstlers zurückzuweisen ist. Von diesem Blickpunkt ausgehend, spricht dann auch Hans Richter von einer echten Partnerschaft zwischen beiden, die Wechselseitigkeit und Zusammenwirken voraussetzt: „Entscheidend scheint mir die Fähigkeit des Wissenschaftlers,

---

[34] Erich Honecker, *Der VIII. Parteitag und unsere nächsten Aufgaben* (Berlin 1972).
[35] *Weimarer Beiträge* 1, 1972.
[36] *Weimarer Beiträge* 9, 1972, S. 167.
[37] *Weimarer Beiträge* 9, 1972, S. 168.

die Möglichkeiten des Dichters zu begreifen und sie erweitern zu helfen, die Kunst, schöpferisch durchdachte gesellschaftliche Vorhaben in praktikable Kritiken und Vorschläge umzuwandeln. Als Partner des Schriftstellers legitimiert sich der Wissenschaftler nach meiner Überzeugung nicht zuletzt durch die Bereitschaft und Fähigkeit (an der es wohl manchen Kollegen noch mangelt), vom Dichter zu lernen [38]." Ob allerdings Richters Darstellung letzten Endes nicht doch nur ein Abfangen der Kritik an einem nicht allzu tief gehenden, vielleicht sogar eher mißtrauischen Verhältnis beider Sparten zueinander darstellt, bleibt abzuwarten.

In der DDR-Literaturwissenschaft ist grundsätzlich zu unterscheiden zwischen Literaturkritik und Literaturtheorie. Der Literaturkritik ist im Sinne Bechers vorwiegend eine erzieherische Funktion zugedacht; sie erfährt ihre Berechtigung darin, dem Leser zu helfen, seinen Geschmack zu bilden, und ihn zu einem Literaturliebhaber, zu einem Literaturkenner zu erziehen. Sie ist somit ein Faktor nicht nur in der Bildung, sondern auch in der Ausbildung in Schule und Hochschule. Das Ziel der Literaturkritik ist es demnach, Vermittler im Rezeptionsprozeß des Lesers zu sein, indem sie Werke ideologisch aufschlüsselt, anstatt sie nur empirisch werkimmanent zu interpretieren oder geisteswissenschaftlich einzuordnen. Es ist vielmehr ihre Verpflichtung, dafür zu sorgen, daß Kunst in ihrer gesellschaftlich-sozialistischen Bezogenheit richtig erfaßt wird, und damit das Urteil ihrer Qualität nicht mehr dem Subjektivismus oder dem Zufall untergeordnet bleibt. Eine derart ausgerichtete Literaturkritik steht notwendigerweise in engerem Kontakt zur Basis als die Literaturtheorie. Dagegen liegt es in der Natur der Literaturtheorie, sich in den Dienst der parteilichen Direktivgremien zu stellen. In dieser exegetischen Rolle gegenüber der Kulturpolitik muß sie im Grunde erst die Möglichkeit der Umsetzung erfinden. Nicht die Orientierung am Werk, sondern die Suche nach effektiven künstlerischen Darstellungsmethoden für das Werk ist ihr primäres Anliegen.

Dem Grundsatz zufolge, daß die gesellschaftliche Grundfunktion der sozialistisch-realistischen Kunst und Literatur sich in ihrer realitätsverändernden Wirkung erfüllt, ist die Literaturtheorie bestrebt, Gesetzmäßigkeiten der Kunstwirkung oder Effektivität zu ergründen. Nach Ansicht der sozialistischen Ästhetik liegt das Maß der künstlerischen Effektivität im Grad ihrer Vorbildkraft, mit der sie dem Leser die sozialistischen Entwicklungsmöglichkeiten, die Erfordernisse und Schwierigkeiten und die

[38] *Weimarer Beiträge* 9, 1972, S. 179.

wachsende Komplexität zum eigenen parteilichen Mitwirken vor Augen stellt. Die erwünschte Wirkung verlangt auf der Leserseite vor allem Identifikation durch emotionelle Teilnahme, und deshalb wurde lange der Brechtsche Verfremdungseffekt mit seiner antagonistischen, intellektuell fordernden Taktik als ungeeignet vermieden. Dies soll jedoch nicht ohne weiteres ausschließen, daß „Reflektionen und Kontemplationen ihren legitimen Platz haben, aber in ihrem Anteil nicht die aus der gewählten Fabel und den angelegten Figuren bedingte Proportion überschreiten dürfen" [39]. Vorbildwirkung bedeutet Idealbildung, wobei hier gültige Verhaltensnormen in der sozialistischen Gesellschaft als etwas persönlich Bedeutsames und Erstrebenswertes vorgeschlagen werden. Im Umweg über das Erlebnis soll die Kunst das ethische Bewußtsein beeinflussen. Diese erzieherische Funktion der Kunst bedingt, daß der Künstler seine „moralisch-ästhetischen Wertungen als nachahmenswert und seine Einstellungen als vorbildhaft unterstellt und so gesellschaftliche Funktion gewinnt" [40]. Der Rezipient hingegen muß seine Beziehung zur gesamtgesellschaftlichen Bewegung wiederholt in der Auseinandersetzung mit dem Vorbild erfahren, denn „Vielseitigkeit und Regelmäßigkeit des Kunstgenusses schaffen entscheidende Voraussetzungen für die Ausbildung einer sozialistischen Individualität, die sich im ästhetischen Genuß individuell-gesellschaftliche Universalität aneignet, und trägt so zur Entfaltung aller gesellschaftlichen produktiven Kräfte bei" [41]

Voraussetzung für den Autor für das Auslösen richtiger Identifikation ist es, eine überzeugte ideologische Haltung einzunehmen und einen definitiven, parteilichen Standpunkt zu vertreten. Seine Intention ist bedingt durch das inhärent Dynamische der marxistisch-leninistischen Weltanschauung; die ständige Vorwärtsbewegung im Konzept niemals vollendeter Arbeit, das Symbol des ewig Werktätigen, welches weder Verzweiflung noch Resignation zuläßt, werden als Stimuli zum Ideal verstanden. Im Sinne dieser Kontinuität ist niemals das Erreichte darzustellen oder gar zu glorifizieren, sondern immer das noch Mögliche und erst Erstrebenswerte. Das Konzept einer dialektischen Höherentwicklung fordert also den persönlichen Einsatz mit steter Spannkraft und ausdauernder Vitalität.

[39] Arno Hochmuth, „Zum Problem der Massenwirksamkeit unserer Gegenwartsliteratur" in *Weimarer Beiträge* 19, 1971, S. 14.
[40] Michael Rammler, „Moral und Kunst" in *Weimarer Beiträge* 9, 1971, S. 44.
[41] Dietrich Sommer, Achim Walter, „Ästhetische Bedürfnisse" in *Weimarer Beiträge* 11, 1971, S. 21.

Zur Festigung normativer Kritierien einer effektiven Gestaltungstechnik erwog man eine Zeitlang, selbst die Prinzipien der Kybernetik für die Literatur einzusetzen. In der Anwendung von Lerntheorien hoffte man, praktikable Modelle für das literarische Schaffen entwickeln zu helfen. Gleichzeitig sollte an Hand der Kybernetik mit mystifizierenden Restvorstellungen undefinierbarer Kunstgeheimnisse aufgeräumt und statt ihrer exakte Begriffsbestimmungen erstellt werden. Die Kybernetik sah sich dabei in bezug auf die Kunst als Instrument zur genaueren Steuerung (Kulturpolitik), Darbietung (Effektivität) und Erfassung (Forschung) ästhetischer Phänomene, nicht aber als ein bequemer Deus ex machina: Urteil, Wertung aus Auswahl bleibe auf dem Gebiet der Literatur immer dem Autor vorbehalten [42]. Für Stalins Begriff vom Schriftsteller als dem „Ingenieur der Seele" hätte eine derartige Vertechnisierung ungeahnte Potenzierung bedeuten können.

Neuen Aufschwung erhielt dann das Anliegen einer systematischen Erstellung von effektiven Gesetzmäßigkeiten, als Honecker in einer Rede über den VIII. Parteitag erneut Maßstäbe zu suchen forderte, „... wie Werke der Kunst und Literatur auf das sozialistische Bewußtsein der Menschen von heute einwirken" [43]. Wie aus einem Interview in den *Weimarer Beiträgen* vom September 1972 mit Leitern der Deutschen Akademie der Künste abzulesen ist, sieht die Literaturwissenschaft gemäß der kulturpolitischen Forderung in der Rezeptionsproblematik einen neuen Forschungsschwerpunkt: „Ferner beschäftigt uns jetzt immer mehr die Frage, inwieweit die Kunst in die Entwicklung der sozialistischen Persönlichkeit einbezogen wird und noch besser einbezogen werden kann, und zwar als ganz wesentlicher Bestandteil. Uns interessiert, wie die Kunst, der Kunstgenuß, die bewußtseins- und phantasiefördernden Potenzen der Kunst auf den Menschen wirken und zum Bedürfnis seines Lebens werden [44]." Man sucht also verstärkt den Einfluß der Literatur in der Gesellschaft durch Erforschung der Leserreaktion zu ergründen.

Der literarische Prozeß des Schreibens einerseits und der Aneignung durch den Leser andrerseits bilden für die DDR-Literaturwissenschaft ein Beziehungsgefüge, insofern sie Produktion und Verbrauch dialektisch aufeinander bezogen sieht. Diese Ansicht fußt auf der Deutung, daß Kunstschaffen konsumtiv sein muß, daß der Konsum aber ebenfalls produktiv

[42] *Weimarer Beiträge* 3, 1968, S. 543—583.
[43] Erich Honecker, *Der VIII. Parteitag*, S. 41.
[44] *Weimarer Beiträge* 9, 1972, S. 11.

sein soll. Daraus ergibt sich, daß alle Kunst Aneignung von Welt bedeutet, einmal von seiten des kunstschaffenden Autors und zweitens in der Aufnahme der literarischen Gestaltung von seiten des Lesers. Ausgangspunkt für diese Folgerung ist die Ansicht, daß der Leser, indem er sich das Werk aneignet, er es für sich umgestaltet, und daß in dieser rezeptionsästhetischen Aktivität der Umbildung sowohl Bildung wie Selbstveränderung als Entwicklungsprozeß beinhaltet ist. Das künstlerisch Dargestellte ist also das Bewirkende, die Vorgänge im Leser das Bewirkte, wobei nicht ein Kausalverhältnis von Ursache und Wirkung angestrebt wird, sondern ein dialektisches Wechselverhältnis.

Mit derartigen Erwägungen bemüht sich die wissenschaftliche Forschung weiterhin um Methoden der Effektivität; statt der bisherigen Ausrichtung spezifisch auf die Kunst, bezieht sie nun auch den Rezipienten in ihre Überlegung mit ein. Da, wie erläutert, das Verständnis der Literatur im Sozialismus als Bildungsauftrag charakterisiert ist, darf der Rezeptionsprozeß nicht länger der spontanen Selbstregulierung überlassen bleiben, sondern er muß sich immer auf sozialistische Vorgänge beziehen können, ob literaturgeschichtlich rückwärts oder in der Vorwärtsorientierung der Gegenwartsliteratur. Denn von einer solchen Erfassung der sozialistischen Zusammenhänge erhofft man die Festigung der neuen Gesellschaftsordnung. Es ist dabei nicht auszuschließen, daß derartige rezeptionsästhetische Erkenntnisse das sozialistische Kulturniveau heben werden. Man beabsichtigt, die überall weitverbreitete Auffassung gegenüber der Kunst als Prestigesymbol und das passiv aufnehmende Lesen abzulösen. Man will auch die irrigen Vorstellungen über die künstlerische Kreativität als mystischer Inspiration eines Auserwählten korrigieren zugunsten eines erarbeiteten Produkts, das wie jedes andere seinen Gebrauchswert erst in der Aneignung durch den Leser erfährt.

Dem Gesichtspunkt der Rezeptionsästhetik untersteht in der DDR auch die Literaturgeschichtsschreibung. Zunächst steht fest, daß die sozialistische Darstellung allen Geschichtsablaufs immer die ihm zugrunde liegende sozialökonomische Basis zum Ausgangspunkt nimmt. Insofern wird Geschichte als langwieriger Umwälzungsprozeß von einer Gesellschaftsformation zur nächst höheren verstanden, wie zum Beispiel im Wechsel vom Manufakturkapitalismus zum Industriekapitalismus, was sowohl von einem gewaltigen Aufschwung der Produktivkräfte als auch von tiefgreifenden Widersprüchen begleitet war. Der sich aus dem Feudalismus lösende Emanzipationskampf der Bourgeoisie schließt gleichzeitig auch das

Unternehmertum und dessen Ausbeutung ein. Die Tendenz der sozialistischen Literaturgeschichtsschreibung ist es, im historisch konkreten Ablauf die künstlerische Widerspiegelung einzuordnen. Die darin herausgestellte Literaturtradition wurde ganz auf ein Vorkämpferschrifttum der sozialistischen Idee verlagert. Man distanziert sich völlig von einer Entstehungsgeschichte, deren Objektivitätsanspruch einer geschichtlichen Rekonstruktion gleichkommt und die dabei nicht berücksichtigt, was in eine Epoche einging und was dann wieder aus ihr hervorgeht. Man glaubt auch nicht, daß geschichtliche Objektivität aus der subjektiven Vorstellung eines Historikers erstellt werden könne, einer im Nachhinein vollzogenen Interpretation aus literarischen Fakten. Ebensowenig darf Literaturgeschichte nach sozialistischer Ansicht abgelesen werden an dem formalistischen Prinzip „literarischer Evolution", die sich aus der jeweiligen Veränderung ästhetisch avantgardistischer Innovation ergibt, vor allem, wenn sie erstellt wird aus der Reaktion eines bildungselitären Erwartungshorizonts. Sozialistische literaturgeschichtliche Erkenntnis darf sich nicht aus dem ästhetischen Vorverständnis einer enggefaßten Leserschicht ableiten, sondern muß historisch-materialistisch basiert sein; nur in der Korrelation von Realgeschichte und ihrer zeitgenössischen Literatur erschließt sich in dieser Auffassung Literaturgeschichte.

Neben der historisch-genetischen Eigenart der Literaturforschung bewegt zusätzlich der historisch-funktionale Aspekt die neue Rezeptionsanalyse. In ihrer Ansicht muß jede künstlerische Aussage, sei sie vergangen oder gegenwärtig, das soziale Bewußtsein von heute mitprägen. Ästhetik und gesellschaftliche Operativität, Poesie und Politik müssen als Voraussetzung für verantwortungsvolles Handeln in der heutigen sozialistischen Gesellschaft immer aufeinander bezogen sein. Dazu sagt Robert Weimann, ein prominenter Vertreter dieser Richtung: „Eine historisch-materialistische Auffassung von Tradition versteht diese Beziehung als historische Aktivität, das heißt als eine gesellschaftlich bedingte, wertende und also parteiliche Bezugnahme auf den geschichtlichen Prozeß als einen Prozeß der Herausbildung gesellschaftlichen Selbstbewußtseins [45]."

Die literaturgeschichtliche Betrachtung aus der Sicht gegenwartsbezogener Relevanz hat durchaus ihre Berechtigung. Geschieht jedoch die „parteiliche Bezugnahme" ausschließlich im sozialistisch-ideologischen Sinn, so erweist sich ihre beschränkende Selektivität. Denn Literaturgeschichts-

[45] *Weimarer Beiträge 8, 1973, S. 16.*

schreibung als Auswahl nur vom Blickpunkt sozialistischer Verwertbarkeit läßt ganze Gebiete der künstlerischen Aussage untergehen. Warum zum Beispiel soll das Phänomen Romantik, warum kondensierender Symbolismus, warum Kafka aus der Literaturbetrachtung ausgeklammert werden? Ließe sich romantische Phantasie nicht auch als geistige Revolution innerhalb einer Zeitenwende sehen, Subjektivismus als individuelle Flucht aus einem entseelten Industrialismus, und Undurchschaubarkeit der Welt als Ausdruck der Oppression? Ebenfalls ließe sich argumentieren, daß der ästhetischen Zeichensetzung, der künstlerischen Gestaltung, zumindest gleiches Aussagegewicht beizumessen sei wie der historisch-konkreten Einbettung eines Werkes. Nur wenn formalistisch erarbeitete Züge innerhalb der Literatur mit den historischen Prozessen in Bezug gesetzt sind, sollte sich der literarische Beitrag an der geschichtlichen Mitgestaltung beurteilen lassen. Diese Mitgestaltung könnte dabei am gültig gebliebenen Begriff der Humanität gemessen werden und nicht nur an Teilaspekten wie individualistischer Selbstverwirklichung hier oder Klassenbewußtsein dort.

Zunehmende Liberalisierungstendenzen in bezug auf die literarische Gestaltungstechnik in der DDR lassen die Frage nach der Korrelation von Form und Inhalt wieder stärker in den Vordergrund treten. Die neuen Stellungnahmen zum Begriff des sozialistischen Realismus betonen nicht länger eine statische Darstellung als Abbildprinzip, sondern die Formung progressiver sozialistischer Vorgänge und Charaktere. Man beruft sich dabei auf die im Statut des Verbandes der Sowjetschriftsteller am 6. Mai 1934 veröffentlichte Maxime, die den sozialistischen Realismus definiert als „wahrheitsgetreue, historisch konkrete Darstellung der Wirklichkeit in ihrer revolutionären Entwicklung, verbunden mit der Aufgabe der ideologischen Umformung und Erziehung der Werktätigen im Geiste des Sozialismus"[46].

Kunstschaffen wurde in den Anfangsjahren verstanden als ausschließlich politisches Engagement sozialistischer Parteilichkeit, das alles unpolitische und damit unrealistische Ästhetizieren eliminierte. Seither ist der Disput um die Form allerdings zurückgetreten; man ist mittlerweile zu einem ausgeglicheneren Konzept gelangt, wie schon Ulbrichts und später Honeckers Stellungnahmen darlegen. Bereits auf der Bitterfelder Konferenz meinte Ulbricht 1959 dazu: „Im übrigen ist es so, daß auch auf literarischem Gebiet alles im Fluß ist, daß bestimmte Formen durch die Entwick-

---

[46] zitiert nach *Beiträge zum Sozialistischen Realismus* (Berlin, DDR 1953), S. 191.

lung überholt werden. Wahrscheinlich ist es sogar so, daß sich jede Zeit die ihr gemäßen künstlerischen Formen schafft. Vielfältigkeit der Formen ist integrierter Bestandteil des Realismus. Es ist doch gerade Ausdruck künstlerischer Meisterschaft, für die Darstellung der Gedanken die Form zu wählen, die künstlerisch am geeignetsten ist. Das berechtigt jedoch nicht dazu, die Form zum Hauptgegenstand künstlerischer Beurteilung zu machen [47]." Honecker greift diese Idee 1971 erweiternd wieder auf, indem er sagt: „Gerade weil wir um die Mühen, um die Kompliziertheit der künstlerischen Schaffensprozesse wissen, bringen wir der schöpferischen Suche nach neuen Formen volles Verständnis entgegen [48]." Die Angriffe gegen den sozialistischen Realismus als einen unbrauchbaren, verengenden ästhetischen Regelkanon sind damit entkräftet worden. Auch Hagers Ausführungen zur Kulturpolitik auf der 6. Tagung des Zentralkomitees der SED im Juli 1972 erklären, daß der sozialistische Realismus nicht zu verstehen sei im Sinne einer Abbildtheorie als exakte Wiedergabe von Wirklichkeit. In Anlehnung an Lenins Konzept, daß das Bewußtsein des Menschen nicht nur die objektive Welt widerspiegelt, sondern sie auch schafft, meint Kurt Hager, die realistische Kunst, weil sie die Lebenswahrheit zu erfassen suche, werde niemals bloße Kopie, bloße mechanische, tote, spiegelhafte Reflexion der Wirklichkeit sein [49]. Damit ist die sich wissenschaftlichen Erkenntnissen und Begriffen hierarchisch unterordnende, mimetische Darstellung als theoretische Forderung völlig überwunden.

Das ästhetische Prinzip der reinen Abbildungsmethode, das auf lange Zeit den Schaffensprozeß bestimmt hatte, ist zurückzuführen auf jene zu enge Interpretation der auf dem 1. sowjetischen Schriftstellerkongreß 1934 formulierten Definition des sozialistischen Realismus, die von der neuen Kunstmethode eine wahrheitsgetreue, historisch konkrete Widerspiegelung der Wirklichkeit in ihrer revolutionären Entwicklung forderte. Indem man den sozialistischen Realismus daraufhin als eine einfache Verbindung von Realismus mit kommunistischem Ideengehalt auslegte, entstand ein langwährender Dogmatismus in Literaturtheorie und Literaturkritik. Nur sehr allmählich begann man sich aus dieser Kunstsicht der konkreten Abbildung zu lösen, die unter Stalin die einzig mögliche gewesen war. Die weitere

---

[47] Walter Ulbricht, „Fragen der Entwicklung der sozialistischen Literatur und Kultur" in *Zur sozialistischen Kulturrevolution II* (Berlin, DDR 1960), S. 461.
[48] Erich Honecker, „Bericht des Zentralkomitees an den VIII. Parteitag der SED" in *Neues Deutschland*, 16. 6. 1971, S. 7.
[49] Kurt Hager, *Zu Fragen der Kulturpolitik der SED*, S. 35.

Einsicht, daß empirisches Wissen keinen absoluten Wertmaßstab darstellt, und die künstlerische Erkenntnis den sozialen Prozeß in ihr eigenen Bildern zu leisten vermag, ermöglichte die Eigenständigkeit der Kunst gegenüber anderen Methoden der sozialistischen Weltaneignung und ihrer Vermittlung. Diese neue Literaturauffassung bringt Rita Schober 1973 in einem Artikel in den *Weimarer Beiträgen* auf die folgende Formel: „Wissenschaft richtet sich an die Gesellschaft als Ganzes und dient dadurch dem einzelnen. Kunst wendet sich an den einzelnen und dient dadurch der Gesellschaft [50]." Sie betont damit, daß die kommunikative Komponente der Kunst vornehmlich didaktischen Zwecken untersteht. Die Literatur in der DDR versucht ihrem pragmatischen Auftrag entsprechend, Wirklichkeit weder rein sachlich noch subjektiv ichbezogen darzustellen; sie ist vielmehr ausgerichtet auf die Darlegung einer sozialistischen Wirklichkeit im parteilichen Bezug zum Menschen. Solange dieser Grundsatz des gesellschaftlichen Bezugs Ausgangspunkt alles künstlerischen Schaffens bleibt, ist die ästhetische Strategie dahinter relativ ungebunden. Entscheidend ist dagegen, ob die Wahl der Form den ideologischen Inhalt effektiv zur Aussage bringt. Auf eine vereinfachende Formel gebracht, gilt auch für den sozialistischen Realismus Brechts Auffassung von Realismus, wonach realistisch ist, was realistisch wirkt.

Die Einstellung zur Realismusfrage im oben erörterten Sinne zeichnete sich ab auf dem Schriftstellerkongreß 1973, in Diskussionen innerhalb der Deutschen Akademie der Künste wie auch in dem zu diesem Zusammenhang konzipierten literaturwissenschaftlichen Werk zur *Theorie und Praxis des sozialistischen Realismus* [51]. In dieser umfangreichen Untersuchung zu Vorgeschichte, Entwicklung und Bedeutung des sozialistischen Realismus bleibt als Grundkonstante die ideologische Sicht des Künstlers, seine richtige Erkenntnis gesellschaftlicher Kausalzusammenhänge; zugleich wird jedoch größtmögliche Entfaltung der künstlerischen Gestaltungsfähigkeit verlangt. Die Wahl der Gestaltungsmittel wird dabei nun als ganz sekundär erachtet, ob innerer Monolog, ob literarische Montage, ob aristotelische oder nichtaristotelische Dramaturgie. Sozialistischer Realismus soll vielmehr als kommunistisch ausgerichtetes Weltverständnis begriffen sein, übermittelt vom künstlerischen Individuum. Die Festlegung auf bestimmte

---

[50] Rita Schober, „Literarische Wertung" in *Weimarer Beiträge* 7, 1973, S. 33.
[51] Hans Koch, Hg., *Zur Theorie und Praxis des sozialistischen Realismus* (Berlin, DDR 1974).

Formvorstellungen müßte dabei in der dialektischen Wechselbeziehung zwischen der künstlerischen Eigenart und dem gesellschaftlichen Prozeß Sterilität bedeuten.

Wie weit aber werden unter der gelockerten Definition des sozialistischen Realismus Innovationen der Form sich entwickeln und vordringen können? Bisher galt nach den Anleitungen des Kulturfunktionär Alexander Abusch, daß der sozialistische Realismus auch in der formalen Konzeption immer auf Faßlichkeit beruhen müsse. Insofern war alle Abstraktion zu vermeiden, denn „Verständlichkeit ist in der Theorie und in der künstlerischen Praxis eine Kategorie sozialistischer Menschlichkeit" [52]. Gleichermaßen von der Rezeption ausgehend, weist man Abstraktion darüber hinaus als künstlerische Gestaltungsmöglichkeit zurück, nicht allein weil sie ungegenständlicher künstlerischer Ausdruck bedeutet, sondern vielmehr, weil sie das Konkrete negiert und so der passive Reflex und die Entfremdung im Aufnehmenden zum Zustand wird. Abstraktion bedeutet der sozialistischen Theorie Verschlüsselung von Wirklichkeit und widerspricht damit dem Bildungsauftrag der Kunst, der gerade ihre Durchschaubarmachung für eine sozialistische Breitenschicht verlangt. Aus ähnlichen Voraussetzungen hatte man schon Brechts nichtaristotelischen Stücken Überintellektualisierung vorgeworfen; man bestand auf dem Theater der Einfühlung und wehrte sich gegen den Zwang der kritischen Auseinandersetzung im epischen Theater. Es wird deshalb interessant sein zu verfolgen, welche Wege die Liberalisierung der Form im Werk der jungen Autoren einschlägt. Kann sich der künstlerische Individualismus durch die neuen Direktiven künftig auch in der in der innovativen Eigenständigkeit der Form erfüllen? Wird man womöglich eines Tages von einer Art sozialistischem Modernismus sprechen können?

Den westlichen Modernismus weist man in der DDR nach wie vor aus den genannten rezeptionsästhetischen Gründen zurück; darüber hinaus negiert man ihn aus künstlerischen und weltanschaulichen Gründen. Man sieht in ihm nur enthumanisierende Kunst. Aus Opposition gegen die unveränderte soziale und imperialistische Wirklichkeit habe sich der westliche Künstler gegen die Wirklichkeitsdarstellung gewendet und damit auch gegen die humanistischen Werte der realistischen „alten Kunst". Die Suche nach Neuem und Besserem laufe zudem häufig nur auf Neuartiges

---

[52] Alexander Abusch, „Kunst, Kultur und Lebensweise in unserem sozialistischen deutschen Nationalstaat" in *Einheit* 6, 1971, S. 736.

hinaus, in aparten Strukturen, Farben, Worten und Tönen [53]. Die künstlerische Gestaltung ohne Basis in der gesellschaftlichen Praxis stelle sich im Westen zunehmend selbst in Frage und führe so zu einer Formdestruktion, die schließlich nicht mehr als eine Kapitulation mitzuteilen habe [54]. Wird die Ästhetik des westlichen Modernismus als entfremdend abgelehnt, so mißbilligt man auch die gesellschaftskritische Haltung der westlichen Literatur. Man hält sie für eine ineffektive Außenseiterposition, die sich in der sozialistischen Gesellschaftsordnung erübrigt. Aus der Sicht des gesellschaftlichen Optimismus erscheint die kritische Funktion westlicher Literatur als passive Verneinung der dargestellten gesellschaftspolitischen Wirklichkeit. Sie erscheint dem Osten pessimistisch, resignierend, machtlos, sich selbst aufhebend. Bestenfalls komme ihr eine protestierende Rolle zu, der aber die Vitalität der sozialistischen Weltanschauung fehle. Ihre Einflußlosigkeit erklärt man sich damit, daß die westliche Literatur Mißstände lediglich konstatiert und damit die Funktion des moralischen Gewissens übernimmt, insofern aber die eigentlich Zuständigen von ihrer Verantwortung befreit. Darüber hinaus schüre eine pseudorevolutionäre radikale Linke mit ihren anarchistischen und maoistischen Vorstellungen nur das Feuer des Imperialismus, indem sie ihm Vorwände für antidemokratische Maßnahmen liefere [55].

Kritik spielt zwar auch in der sozialistischen Gesellschaft eine Rolle, sie darf aber nicht alleiniger Inhalt der künstlerischen Aussage sein. Das kritische Element soll produktiv wirken im dialektischen Verhältnis mit der konstruktiven Funktion der Literatur. Die kritische Gestaltung von Daseinsaspekten kann deshalb in der sozialistischen Literatur nur als Teil der künstlerischen Aufgabe in der Gesellschaft angesehen werden [56]. Während die gesellschaftskritische westliche Literatur sich Sensitivierung und Bewußtmachung zur Aufgabe setzt und damit beim Leser zwar Mitgefühl oder Indignation auslöst, das sich aber im allgemeinen nicht in Handlung umsetzt, sondern im Mitleiden verharrt, ruft die sozialistische Literatur ausdrücklich auf zur Aktion. Die Aufforderung zum persönlichen Einsatz

---

[53] Kurt Hager, S. 34.

[54] Kurt Batt, *Die Exekution des Erzählers. Westdeutsche Romane zwischen 1968 und 1972* (Frankfurt a. M. 1974); Karlheinz Barck, „Revolutionserwartung und das Ende der Literatur. Zur Kritik der Ideologie der Neuen Linken", und Werner Mittenzwei, „Revolution und Reform im westdeutschen Drama" in *Revolution und Literatur*, hgg. von W. Mittenzwei und R. Weisbach (Leipzig 1971).

[55] Kurt Hager, S. 64.

gegen Elend, Krieg und Unterdrückung ist dabei im Sozialismus gleichbleibend mit dem Appell an den einzelnen zum Aufbau und Ausbau des sozialistischen Systems. Diese Grundhaltung gegenüber der kritischen Funktion der Literatur hat zur Folge, daß die Gestalt des Hauptcharakters in literarischen Werken der DDR häufig als die eines sozialistischen Revolutionärs konzipiert ist und eben dadurch nie als Antiheld erscheint. Die Verkörperung der Ausnahme im Außenseiterdasein ist in diesem Konzept völlig unzulässig; vielmehr verlangt es die nachvollziehbare Aufzeichnung eines Menschen aus einer positiven und begreifbaren Umwelt. Nicht der Vereinzelte im Kampf gegen die Gesellschaft, sondern der einzelne im Erbauen der bejahten Gesellschaft ist maßgebend. Die Entwicklung und Bewährung solcher aktiver sozialistischer Prototypen in den Romanen der fünfziger und sechziger Jahre wie auch die reflexive Auseinandersetzung der späteren Protagonisten mit der von der Umwelt geforderten Eigenentwicklung ist dargestellt an durchlebbaren Konflikten. Diese dienen außer ihrer literarischen Funktion dazu, Widersprüche innerhalb der dargestellten Gesellschaft aufzudecken und in der Identifikation dem Leser Hinweise zu ihrer richtigen Lösung zu suggerieren. „Parteiliche Gestaltung erweist sich darin, daß sie zu sozialistischen Entscheidungen in persönlichen Konflikten und zur Parteinahme bei der Lösung von Konflikten hinführt. Das heißt, daß sie mit Mitteln der Kunst zu eindeutigen Entscheidungen im Sinne unserer Politik und Ethik herausfordert, mit klaren, sozialistischen Zielen das Publikum geistig und gefühlsmäßig in das Ausfechten und Auskämpfen von Widersprüchen einbezieht — auch ohne daß sie jeweils mit fertigen Lösungen aufwarten muß [57]."

Die kulturpolitische Voraussetzung der exemplarischen Darstellung veranlaßte die Literaturtheorie, sich eingehend mit der Etablierung einer Konflikttheorie zu befassen. Sie ging davon aus, daß der Hegelsche Begriff der Versöhnung und Wiederherstellung der Einheit abzulehnen sei als „Kompromiß, Ablassen vom Streit, Zurücktreten von einer Position um der Harmonie willen, Auflösung der Tiefe und Schärfe des Konflikts durch ‚wechselseitige Aussöhnung'" [58]. Nach Johannes R. Becher berührt der Konflikt den ganzen Menschen, er muß ausgetragen werden und fordert

---

[56] Kurt Hager, S. 42.
[57] Kurt Hager, S. 41.
[58] Werner Jehser, „Zum neuen Charakter des literarischen Konflikts" in *Weimarer Beiträge* 2, 1970, S. 92.

die ganze Kraft heraus [59]. Ebenso muß der literarische Konflikt einen echten Abschluß durch eine überzeugende Entscheidung erhalten. Alexander Abusch beantwortet dabei die Frage, Konflikte welcher Art darzustellen seien, in dieser Weise: „Im Kampf gegen den Klassenfeind können, wenn sie wirklich gestaltet werden, die Konflikte nicht scharf genug erfaßt werden. Geht es um innere Konfliktfragen im Sozialismus, so kommt es auf die ideologische eigene Position und dementsprechend realistische Gestaltungsweise an, um Widersprüche, Mängel, tiefe philosophische Fragen und noch ungelöste Konflikte scharf herauszuarbeiten, ohne dabei der Unwahrheit über die Größe des menschlichen Fortschritts im Sozialismus auch ungewollt zu dienen. Wem es nur um den Konflikt an sich geht, jedoch nicht um die ganze Fabel, die den tiefen Grund der Dinge in unserer Lebenswelt aufregt, der rutscht zum gewöhnlichen kritischen Realismus zurück, zur Behauptung einer Existenz von antagonistischen, also unlösbaren Widersprüchen in dem humanistischen Wesen unserer Gesellschaft [60]." Innersozialistische Konflikte, die aus dem Gegensatz zwischen Individuum und Gesellschaft erstehen, lösen sich theoretisch im sozialistischen Staat in der Erkenntnis, daß da eine Basis der Harmonie geschaffen ist zwischen den Interessen und Wunschvorstellungen des einzelnen und den Zielen der Gesellschaft. Eine solche Harmonie erfüllt sich jedoch nicht automatisch, sondern erfordert beiderseitig stete Auseinandersetzung: sie bestätigt sich im aktiven Erarbeiten [61]. Der Zusammenstoß entgegengesetzter Einstellungen von sozialistischen Kontrastfiguren führt demnach weder zur Eliminierung des einen oder des anderen Standpunktes noch zu tolerantem Einlenken beider gegnerischer Anschauungen. In der dialektischen Wechselwirkung ergibt sich vielmehr durch den Einbezug anderer Gesichtspunkte und im Durchdenken der eigenen Auffassung eine Berichtigung und Neuformulierung der eigenen Haltung.

Für die Konflikttheorie ist es also wesentlich, daß der Konflikt von nichtantagonistischen Gestalten ausgetragen wird, daß die Konfliktpartner aufeinander bezogen sind und daß eine möglichst humane Lösung angestrebt wird. Das bedeutet im allgemeinen, daß einer der Gegner eine falsche Hal-

[59] Werner Jehser, S. 93. Siehe auch: Walfried Hartinger / Klaus Werner, „Zur Konfliktgestaltung in der sozialistisch-realistischen Literatur und Kunst" in *Weimarer Beiträge* 9, 1973, S. 119—130.
[60] Alexander Abusch, „Kunst, Kultur und Lebensweise in unserem sozialistischen deutschen Nationalstaat", S. 735.
[61] Kurt Hager, S. 40.

tung vertritt und von der Richtigkeit der Gegenmeinung überzeugt werden muß, wobei auch der andere seinen Blickwinkel erweitert. Entsprechend diesen Voraussetzungen werden die Wachstumsprozesse von Zentralfiguren meist in Entwicklungsromanen dargestellt, wobei Selbstverwirklichung sich jedoch niemals als Auseinandersetzung mit einer pluralistischen Vielfalt vollzieht, sondern sich didaktisch zielgerichtet in sozialistischer Parteilichkeit an Konflikten entfaltet. Auch wird nicht etwa eine aus kritischer Abgrenzung sich ergebende Selbstverwirklichung angestrebt, denn diese führe stets nur wieder zu einer Verinnerlichung des Individuums und verfolge damit ein vergebliches Ziel der Geschichte [62]. In der beispielhaften Hauptfigur vereinigen sich immer komplexere soziale Zeitgegebenheiten mit der revolutionären Geisteshaltung des bewußten Wegbereiters für den Sozialismus, oder aber die Zentralgestalt lernt die eigene fehlerhafte Lebenshaltung an einer positiven Konstrastwelt erkennen und zu ändern. Da der Lauf der Geschichte als ein immer komplexeres Gewebe von mannigfaltigen Beziehungen und Verhältnissen verstanden wird, hat auch für den Autor die Komplexität vieler Konfliktstrukturen zugenommen. Differenziert sich dabei seine Darstellung der im kommunistischen Sinne sich entwickelnden Gesellschaft immer stärker, so wird auch die Charakterzeichnung der Zentralfiguren komplexer und subtiler; anstelle der unbeirrbaren Tat tritt immer mehr die wägende Reflexion. Gleichermaßen wird auch die Konfliktbasis heute nicht mehr an Hand einer einzigen Konstellation erklärt. Die Entweder-Oder-Situation, die Schwarzweiß-Zeichnung der Ost-West-Entscheidungen scheint überholt. Mit der Konzentration auf innersozialistische Verhältnisse wurden auch die Widerspruchsmöglichkeiten subtiler und verschiedenartiger. Das reicht so weit, daß das dialektische Verhältnis und der historische Bezug in eine beinahe undurchsichtige und verwirrende Fülle gebracht werden können, die den auflösenden Nachvollzug im Rezipienten sehr stark herausfordern. Bei aller subjektiven und vertieften Auffächerung verkörpert der Protagonist als Konfliktträger immer das dialektische Prinzip der Veränderung.

Die Verlagerung der Problemgestaltung auf den innersozialistischen Raum war mitbedingt von der Voraussetzung, daß man sich verwahren wollte gegen solche westlichen Annäherungsversuche, die unter den Begriff der Konvergenz fallen. Man lehnt sie ab, weil ihre Tendenz darauf hinaus-

---

[62] Claus Träger, „Materialistische Dialektik in den Literatur- und Kunstwissenschaften" in *Weimarer Beiträge* 5, 1972, S. 23.

läuft, marxistisch-leninistisches Denken aufzubrechen und zu unterminieren, und weil sie von außen als „Ferment zur Renovierung der bürgerlich-humanen Wissenschaft und Kultur" mißbraucht werden könnten [63]. Bereits anfangs der sechziger Jahre verwarf man deshalb Jean Paul Sartres Ansicht, die eine Annäherung von Menschen aus Ost und West in einer weltweiten Kultureinheit anstrebte, welche Marx neben Kafka verlangt [64]. Solche Absichten werden aus Selbsterhaltungsgründen zurückgewiesen, wie zum Beispiel in den bezeichnenden Worten Walter Ulbrichts: „Die kapitalistischen Ideologen sind der Meinung, daß, wenn die Rolle der Partei und des Staates unterminiert wird und in der DDR alles dem Selbstlauf überlassen würde, dann die Bourgeoisie Westdeutschlands an Einfluß gewinnen würde. Das sehen wir auch. Deshalb lassen wir uns von den Gesetzen der gesellschaftlichen Entwicklung leiten und nicht von den Ratschlägen unserer Gegner [65]." Nachdem der Mauerbau die Undurchlässigkeit von Menschen und ungewollten Ideen verfestigt und die DDR dadurch an Selbstsicherheit gewonnen hatte, verlor das Thema der Entscheidung und der Abgrenzung seit 1965 seine Bedeutung in der Literatur. Gleichzeitig wurden auch Veröffentlichungen selbst solcher Autoren wie Böll, Enzenberger, Frisch und Walser in der DDR stark zurückgestellt. Interessanterweise nahm jedoch während derselben Zeit die kritische Auseinandersetzung mit der westlichen Literatur und Literaturwissenschaft unverhältnismäßig zu. Es erschienen Bücher und eine Vielzahl von Artikeln, die sich mit Richtungen und Interpretationsmethoden der westlichen Literaturwissenschaft befassen [66]. Man wendet sich darin gegen die Strömungen des New Criticism,

---

[63] Ders., „Der Leninismus und die Kulturwissenschaften als Leitungswissenschaften" in *Weimarer Beiträge* 4, 1970, S. 24.

[64] Jean Paul Sartre, „Die Abrüstung der Kultur" in *Sinn und Form* 5—6, 1962, S. 814.

[65] Walter Ulbricht, „Probleme des Perspektivplanes bis 1970", Referat auf der 11. Tagung des ZK der SED vom 15. bis 18. Dez. 1965 (Berlin, DDR 1966), S. 111.

[66] Robert Weimann, *Literaturgeschichte und Mythologie* (Berlin und Weimar 1972²); ders., *New Criticism und die Entwicklung der bürgerlichen Literaturwissenschaft. Geschichte und Kritik neuer Interpretationsmethoden* (Halle 1962); ders., „Rezeptionsästhetik als Literaturgeschichte" in *Weimarer Beiträge* 8, 1973; C. Träger, „Zur Kritik der bürgerlichen Literaturwissenschaft" in Weimarer Beiträge 2, 3, 1972; W. Krauss, „Poetik und Strukturalismus" in *Sprache im technischen Zeitalter* 36, 1970, S. 269—90; K. Kaminski, „Formalismus in der Literaturtheorie. Kritische Betrachtungen zu Käthe Hamburgers ‚Logik der Dichtung' in *Weimarer Beiträge* 1, 1969; N. Kreuzlin, „Untersuchungen zur phänomenologischen Ästhetik" in *Weimarer Beiträge* 6, 1968; R. Schober, *Im Banne der Sprache. Strukturalismus in der Nouvelle Critique* (Halle 1968).

des Formalismus und des Strukturalismus und verurteilt eine Klassikabkehr, wie sie der amerikanische Germanist Jost Hermand vertritt, als pseudo-radikale Gebärde [67]. Andererseits registriert man eine gewiße Ähnlichkeit mit der eigenen Auffassung in der rezeptionsästhetischen Literaturgeschichtsschreibung, wie sie von Hans Robert Jauß vorgeschlagen wurde, und verzeichnet mit Genugtuung eine Abkehr und Bekämpfung der geistesgeschichtlichen Einstellung. Analog der gesellschaftskritischen Tendenzen in der Literatur schätzt man auch die westliche Literaturwissenschaft ein, als sich anarchistisch oder reformatorisch gebend. Wenn sie sich auf eine gesellschaftliche, sozial orientierte Interpretation überhaupt einlasse, katalogisiere sie bestenfalls die gesellschaftskritischen Phänomene, ohne jedoch die gesellschaftlichen Ursachen dafür beeinflussen oder gar ändern zu wollen.

[67] Rudolf Dau, „Erben oder Enterben" in *Weimarer Beiträge* 7, 1973, S. 67—98.

DAS ZUNEHMENDE SPRACHBEWUSSTSEIN IM DDR-ROMAN

Das Thema der Sprachentwicklung in der DDR hat etliche Untersuchungen angeregt [68]; besonders herausgearbeitet wurde im allgemeinen die sprachliche Verfremdung der beiden deutschen Staaten unter den gültigen Bedingungen der hermetischen Abriegelung und, vor allem, ihrer ausschließlichen Ausrichtung zur Staatsphilosophie der einen oder der anderen Hemisphäre. Generell stimmen die Sprachstudien miteinander überein, daß die sprachlichen Neuprägungen in der DDR als Produkte „einer umfassenden und sehr bewußt betriebenen Sprachregelung und Sprachlenkung" [69] entstanden sind. Allerdings stellt der unparteiische schwedische Beobachter Gustav Korlén absichtliche Sprachmanipulation mit politischen Vorzeichen auch in Westdeutschland fest (Schandmauer, Fluchthelfer gegenüber Schutzwall, Menschenhändler). Er führt aus: „Sprachlenkung — worunter ich also den Versuch verstehe, die Macht der Sprache über das Denken bewußt auszunützen ... ist keine Erscheinung, die lediglich für die östliche Welt zu verzeichnen wäre [70]." Dazu meint Fritz J. Raddatz, daß neben Begriffsbildungen analog zur Fremdsprache der Besatzer und den kulturellen Modellen von USA und der Sowjetunion, im Vergleich zur BRD „in der DDR sehr viel mehr Institutionelles übernommen wurde, daß ... die Veränderung viel mehr an die Substanz ging als die sogenannte Umerziehung im Westen, die sich oft mit Äußerlichkeiten begenügte" [71]. Er fürchtet sogar, daß die Veränderungen im Sprachge-

---

[68] Gustav Korlén, „Führt die Teilung Deutschlands zur Sprachspaltung?" in *Der Deutschunterricht* 5, Okt. 1969; Fitz J. Raddatz, „DDR-Literatur und marxistische Ästhetik" in *The Germanic Review*, Vol. XLIII, Jan. 1968; Thea Schippau, „Die beiden deutschen Sprachen und die deutsche Sprache" in *Deutschunterricht*, Leipzig, 1967, S. 8 ff; Hans Joachim Gernenz, „Zum Problem der Differenzierung der deutschen Sprache in beiden deutschen Staaten" in *Weimarer Beiträge* 1967, S. 463 ff; Karl Heinz Ihlenburg, „Entwicklungstendenzen des Wortschatzzes in den beiden deutschen Staaten" in *Weimarer Beiträge* 1964, S. 372 ff; Hugo Moser, „Sprachliche Folgen der politischen Teilung Deutschlands" in *Wirkendes Wort*, Beiheft 3, 1962.
[69] Korlén, S. 13, 14.
[70] *ibid.*
[71] Raddatz, S. 41.

brauch so weit gehen, „daß die Inhalte äußerlich identischer Worte sich bis zur Sprachlosigkeit verschoben oder auseinandergespreizt" [72] haben.

Begriffsverschiebungen sind nun tatsächlich häufig eingetreten. Schlägt man nur z. B. das Wort „Wettbewerb" in einem westdeutschen Wörterbuch nach, so wird man es als „Kampf um die beste Arbeit, um die beste Leistung; auch Wettkampf; Konkurrenz" [73] definiert finden. Dagegen liest man unter dem gleichen Stichwort drüben: „Der sozialistische Wettbewerb ist die umfassende Form der Masseninitiative zur Steigerung der Arbeitsproduktivität. Die dem sozialistischen Wettbewerb zugrunde liegende Moral ist die kameradschaftliche gegenseitige Hilfe, die kollegiale Unterstützung der Zurückbleibenden durch die Vorausschreitenden, einmal, um im Betriebe einen allgemeinen Aufschwung zu erreichen, des weiteren, um andere Betriebe auf das gleiche Leistungsniveau zu heben [74]." Die politische, ideologische und wirtschaftliche Ausrichtung der beiden Länder auf dieses grundlegende Wort „Wettbewerb" ist offensichtlich. Es steht symptomatisch für die eingetretene ideologische Spaltung, die Bedeutungsveränderungen dieser Art reflektieren. Ob solche Sprachveränderungen jedoch notwendigerweise zum Verlust der Verständigungsmöglichkeit führen müssen oder ob nicht gegenseitige Kenntnisnahme der Substanzverlagerung auch Kommunikationsaustausch bedeuten kann, indem sie nämlich zum Wettbewerb um den „Wettbewerb" anregt, bleibt eine Frage der politischen Einstellung.

Zum Thema Sprachspaltung oder Sprachentfremdung im Deutschen gehört vor allem auch die Unterscheidung zwischen politischer Sprache und Literatursprache in der DDR selbst. Es handelt sich hier um eine wesentliche Differenzierung, der aber nur wenig Aufmerksamkeit gewidmet wird und die im Pauschalurteil über die Sprache der DDR im allgemeinen untergeht.

Politische Rhetorik, ganz gleich welchen Systems, ist bewußte Anwendung semasiologischer Grundsätze, ob diktatorisch oder manipulativ eingesetzt. Ihre Sprachwendung und ihre Sprachverwendung ist bestimmt vom Effekt, egal ob es dabei um Etablierungs- oder um Abschöpfungsprozesse geht, ob also politisch auf etwas hingelenkt oder von etwas abgelenkt werden soll. Auch in der DDR, wie anderswo, hat die politische Führung

---

[72] *ibid.*
[73] Gerhard Wahrig, *Deutsches Wörterbuch.*
[74] zitiert nach Jan Nyrelius „Russischer Spracheinfluß im Bereich der Landwirtschaft der DDR" in *Muttersprache* LXXX, 1970, S. 28.

sich von Anfang an bemüht, ihr Staatsprogramm mit sprachlichen Mitteln einzuführen und zu befestigen. Sie schuf dazu einen scharf abgegrenzten Begriffskanon ideologischer Werte, mit der Absicht, andersartiges Denken allmählich zu überwinden. Es entstand so eine Überbausprache, die als Regierungssprache fungiert, als Sprache der kulturpolitischen Wissenschaft, als Interviewsprache für die Journalistik, eine öffentliche Ritualsprache, konform und steril. Abgegriffene Formelhaftigkeit nimmt ihr den Reiz der Eindringlichkeit und die Spontaneität engagierter Begeisterung. Die stereotype Wiederholung wirkt oppressiv; sie unterdrückt in ihrer Vorgeformtheit die individuelle Selbstaussage. Überbaurhetorik ist deshalb ihrem Charakter nach sowohl undemokratisch als auch anti-ästhetisch, und es konnte keine echte Aufnahmebereitschaft für sie im Sprachgestalten der Literatur zustande kommen.

Fest steht überdies, daß der marxistische Sprachkanon mit den gesellschaftlichen Veränderungen nicht Schritt hält, sondern statisch in der vorgeformten Terminologie der theoretischen Auseinandersetzung verharrt. Es fehlen an der Wirklichkeit gemessene und ihr entsprechende Neuformulierungen. Was bedeuten etwa heute noch die Beteuerungen der Ausschließlichkeit in den Klassentermini „Arbeiter und Bauer", die doch selbst in einer sozialistischen Welt veraltet, weil historisch überholt sind? Sie stellen höchstens noch nostalgische Reminiszensen eines einstigen sozialistischen Kämpfertums dar, denn Privatkapital und Privatindustrie innerhalb der sozialistischen Welt sind ja längst nationalisiert. Die Ausbeutung im ursprünglichen Sinne ist dort ein Relikt der Vergangenheit; jeder Arbeitende ist sozialistischer Beiträger geworden; in der öffentlichen Verwaltung Beschäftigte, Intelligenzler und Soldaten stehen gleichberechtigt neben Industriearbeitern und landwirtschaftlichen Produktionsgenossen. Anstatt diesen sozialen Veränderungen aber sprachlich gerecht zu werden und etwa einen umfassenden Begriff wie „Werktätige" für „Arbeiter und Bauern" aufzunehmen, verharrt die politische Sprache der SED stagnierend und propagiert bereits Erreichtes.

Aus ähnlichen Überlegungen fordert Herbert Marcuse die neue Linke im Westen zur Überprüfung ihrer am Marxismus orientierten Rhetorik auf [75], denn die Anklage gegen die veränderten Verhältnisse der heutigen Gesellschaft verlange auch den neuen Gegebenheiten entsprechende Formulierungen. Er hebt die Überständigkeit von Begriffen wie „Proletariat",

---

[75] Herbert Marcuse, *Counter-Revolution and Revolt* (Boston 1972).

„Ausbeutung", „Elend", „Kapitalismus" hervor, alle bestimmt an Realitäten des 19. Jahrhunderts, deren Basis im 20. Jahrhundert fehlt. Er verweist darauf, daß Einzelunternehmen von einst längst umstrukturiert wurden zu einem „Gesamtkapitalimus" internationaler Superkorporationen, deren Arbeiterschaft sich gewandelt hat zu einer „Gesamtarbeiterschaft" mit vielfach technokratischer Funktionalität. Entfremdung sei abgelöst durch eine gegenseitige Interessenabhängigkeit von Kapital und Arbeiterschaft. Diesen neuen Verhältnissen werden die erstarrten Sprachklischees nicht mehr gerecht; es fehlt ihnen an Dynamik, und sie sind damit unrevolutionär geworden.

Untersucht man nun die sozialistische Kunstprosa auf den sprachlichen Einfluß der ideologischen Überbaurhetorik hin, so läßt sich ohne große Schwierigkeiten feststellen, daß der politische Wortschatz der Massenmedien zu überraschend geringem Maße in die Literatur eingedrungen ist. Ihre Sprachsubstanz ist vielmehr geradezu puristisch geblieben, abgesehen von der Verwendung einiger Abkürzungen, deren Bedeutung einer uneingeweihten Leserschaft natürlich anfangs fremd sein müssen. Dazu stellt Gustav Korlén jedoch fest, daß die Aküsprache auch das westliche Sprachbild bestimmt, „wobei lediglich die einzelnen Abkürzungen in Ost und West verschieden sind, nicht aber die allgemeine Tendenz zur Frequenzsteigerung"[76].

Systemaffirmation in der DDR-Literatur ist bisher Aufgabe des Inhalts, nicht aber des sprachlichen Ausdrucks. Diese bemerkenswerte Tatsache läßt sich wohl zurückführen auf das kulturpolitische Anliegen, daß literarische Diktion dem Gesetz der allgemeinen Verständlichkeit unterliegen müsse, daß individuelle Kryptik und Esoterik formalistischer Sprachexperimente als elitärer Restbestand für die sozialistische Breitenerfassung untauglich sei. Überraschenderweise blieb aber gleichzeitig auch der Parteijargon über die Jahre hin ausgeschlossen, und es wurde damit der Literatursprache heute die Möglichkeit zur Entwicklung einer neuen Sprachästhetik geschaffen, die sich zwar am Sozialismus orientiert, aber frei ist vom Zwang einer Überbaurhetorik. Hermann Kant leitet das Phänomen der literarischen Sprachautonomie daher, daß die Erwartung des Lesers sich darauf richte, „in der Literatur das Leben zu finden, es aber gerafft, zusammengefaßt sehen zu wollen. Dementsprechend kann die Alltagsrede in der Literatur eigentlich nur anstrengend und vielleicht manchmal auch lang-

---

[76] Korlén, S. 20.

weilig sein [77]." Kargheit und Direktheit der politischen Sprache müßte der Literatur ihren Reiz, ihren ästhetischen Genuß nehmen. Sie entspräche zu sehr dem Abbild, dem Grau des Alltags, seiner Anstrengung und seinem Gleichlauf.

In den frühen Jahren verblieb im Zuge der Bestrebungen nach Faßlichkeit des Textes, nach Identifizierbarkeit und nach wirklichkeitsorientierter Konkretheit die sozialistische Literatur allerdings einseitig in der Dimension des nüchternen Beschreibens und Berichtens. Dichterisch intensiv durchorganisierte Werke waren zu jener Zeit suspekt, da sie der Form den Vorrang vor dem Gehalt zu geben schienen. Ausdrucksästhetisches Beiwerk, lediglich phantasievoll, aber ohne sozialistische Bedeutung geschaffen, wurde damals verworfen. Rhetorischer Schmuck galt als Anzeichen einer falschen Einstellung und Eigenart eines überständigen Literaturkonzepts. Der subjektiven Einbildungskraft und damit dem metaphorischen Ausdruck des lyrischen Ich war aufgekündigt worden. Poetische Phantasie hatte ihren Anspruch auf Eigengesetzlichkeit mit ihrer engen, nur aus dem Werk erkennbaren Interbezogenheit aufzugeben zugunsten des gesamtgesellschaftlichen Anliegens.

Dem erweiterten Konzept literarischer Funktion als Vertreter der gesellschaftlichen Aspiration widersetzte sich am stärksten die Lyrik. Es liegt in der Natur und der Tradition der poetischen Aussage, Verdichtung von Wort und Welt zu schaffen, eher zu verschlüsseln und zu verhüllen als zu verdeutlichen, also in der Kondensation der Aussage atypischer und komplexer zu erscheinen, als das Maß der allgemeinen Zugänglichkeit voraussetzen kann. Zudem verkörpert sie einen Individualismus, der die Normen sozialistischen Gleichheitsgefühls in seiner Privatkorrelation zur Welt, in seiner Ich-Vordergründigkeit allzuleicht übersteigt. In der Auseinandersetzung mit der Lyrik und dem sozialistischen Verweis, künstlerische Absicht mit Allgemeingültigem zu verknüpfen, liegen jedoch Ansätze und Anstöße zu einem erneuten Überdenken der Sprachästhetik. Von literaturtheoretischer Seite wurde vor allem der Versuch einer Bestimmung der lyrischen Bildhaftigkeit unternommen. Besonders Robert Weimann will in einem Artikel zur Metapher in „Sinn und Form" ihre sozialistische Verwendungsmöglichkeiten erklären [78]. Nach seiner Auffassung hat das poe-

[77] Anneliese Große, „Interview mit Hermann Kant" in *Weimarer Beiträge* 8, 1972, S. 49.
[78] Robert Weimann, „Welt und Ich in der Metapher" in *Sinn und Form*, Jan., Feb. 1974, S. 181 ff.

tische Bild neben der ästhetischen Eigenart auch eine funktionale Aufgabe zu leisten, nämlich „Vorgänge in der Gesellschaft und den Fortgang der Natur in eine weltanschaulich bestimmte und künstlerisch aufschließende Beziehung zu rücken" [79]. Er meint, Metapher als „Bild gestaltet die Geschichtlichkeit des Alltags wie die Alltäglichkeit der Geschichte" [80]. In seiner Ansicht muß die metaphorische Sprechweise aus dem ehemals geschlossenen Raum des reinen Ausdrucks und der puren Repräsentation heraustreten: „die metaphorische Wirkung weist so über sich selbst (und über das Gedicht) hinaus [81]." Die Wechselbeziehung von künstlerischer Subjektivität und gesellschaftlicher Beziehung, von Bild und Weltbild, sollen also Ausgangspunkt metaphorischer Schöpfung sein. Die wesentlichen Elemente solcher Überlegungen dürften für die sprachästhetische Gestaltung auch der anderen Gattungen im Sozialismus gültig werden. Ist zwar für die künstlerische Prosa des Romans, für seine epische Breite, die metaphorische Verwendung von geringerer Bedeutung als für die Lyrik, insofern Bildprägung hier vielleicht im Verweis fusionierend oder symbolisierend eingefügt werden kann, so gelten für sie doch gleiche literaturtheoretische Voraussetzungen.

Im Gegensatz zur Lyrik hat die epische Sprachästhetik sich sehr selbstdiszipliniert herausgebildet. Von jeher hat sich die sozialistische Prosa dem Primat der Verständlichkeit willig untergeordnet, doch entwickelt sie daneben laufend neue Kriterien für ein subtileres Sprachvermögen. Es zeichnet sich deutlich eine zunehmende Tendenz zur Neubesinnung auf poetische Verfahren ab. Aus dem früheren Postulat sprachlicher Zugänglichkeit ist nun das Verlangen nach einer differenzierten Literatursprache erwachsen, die eine Ästhetisierung der Idee gestattet. Neben dem Grundsatz der Verständlichkeit bemüht man sich neuerdings auch wieder um den Einbezug ästhetischer Ausdrucksmöglichkeiten, um nach Kant „aus Sprache Literatur zu machen" [82]. Die Beschäftigung mit Sprache und Stil gehören daher nun auch in der DDR in den echten Schöpfungsbereich des Literaten. Innovative Eigenständigkeit ist zu diesem Zweck nicht nur möglich, sondern verlangt.

Betrachtet man die sprachliche Form des Romans in chronologischer Folge, so zeichnet sich eine deutlich ansteigende Entwicklung zur sprach-

[79] *ibid.*, S. 190.
[80] *ibid.* S. 190.
[81] *ibid.* S. 187.
[82] Große, S. 49.

lichen Sensitivierung ab; es ist offensichtlich, daß die Romanprosa eine Spiegelung von Inhalt und Form zu erzielen sucht, die die Aussage im Darstellungsgefüge wie im Sprachverfahren reflektieren läßt.

Der sprachästhetische Charakter der frühen DDR-Romane läßt sich verallgemeinernd darstellen an Beispielen aus der Prosa von Anna Seghers und Erwin Strittmatter, den beiden anerkannten und bekanntesten Autoren dieser Zeit. Zu den ersten Romanen, die die DDR in ihrer frühen Entwicklung zum dargestellten Gegenstand hat, gehört 1959 *Die Entscheidung* von Anna Seghers. Und obwohl dieser Roman als Prototyp der Systemaffirmation die Entscheidung zum schwierigen Kampf voller Entbehrung für den Sozialismus propagiert, vermeidet die Autorin Standardphrasen sozialistischer Rhetorik; sie bemüht sich vielmehr um ein wertneutrales, konservatives Deutsch. Ihr klarer, offener Stil, syntaktisch reduziert auf strikte Einsträngigkeit und alle mystifizierende Komplexität eines versponnenen Nebensatzstils ablehnend, kommt dem sozialistischen Grundsatz der Faßlichkeit in der Literatur weitgehend entgegen. Seghers verfolgt in ihrem Stil das Eindeutige und Einfache und scheint alle poetischen Nuancen absichtlich als Luxus zu verwerfen; sie erreicht dadurch nüchterne Härte in der Sprache. Anna Seghers ist exemplarisch für jene Stilhaltung, die die sozialistische Prosadarstellung überwiegend vertritt: das konsequente Bemühen um eine Sprache, die nicht auf sich selbst und ihr ästhetisches Vermögen aufmerksam macht, sondern sich dem Gesagten klärend unterstellt. Seghers Stil kommt mit seinen nur wenig verwendeten Sprachfiguren einer Absage an eine poetische Grundhaltung gleich, die ihre Gegenstände zu interpretieren sucht, sie zu individuellen Vergleichen heranzieht, sie symbolisch, allegorisch oder ornamental verarbeitet. Seghers geht es um Benennung von Realität, um Mitteilung und Aufruf, wobei sie poetische Überlegung und Ästhetisierung bedachtsam zügelt, um nicht von der inhaltlichen Aussage abzulenken. Sprachfiguren wie Simile und Metapher treten daher bei ihr nur selten in Erscheinung, und wenn sie vorkommen, handelt es sich meist um tradierte Bilder, die noch nicht als Bedeutungsträger eines inneren Zusammenhangs zum sozialistischen Dasein gewählt wurden. „Wie ein Bienenhaus", „wie ein Wunder", „das Flüßchen von oben, ein goldenes Schlängelchen" und andere Vergleiche dieser Art verdeutlichen die noch nicht am neuen Weltbild reformierte Metaphorik dieser Sprache. Im Drang der Verwirklichung neuer gesellschaftlicher Ziele, in einer Atmosphäre, die nicht erwägt, sondern durchzusetzen sucht, gibt es keinen Anlaß für den reflektiven, abschweifenden

Vergleich. Die Sprache bleibt klipp und klar im Stakkato der Dialoge wie in den erzählenden Passagen und in der erlebten Rede. Die Fakten bedürfen keiner Komplizierung, keiner Umbildung oder Ausschmückung. Verschlüsselte Verdichtung und sprachliche Originalität unterlassend, wird für Seghers die direkte Wiederholung von Gesagtem wichtiger, mit der Absicht versichernder Nachdrücklichkeit. Die folgenden Beispiele zeugen von einer Eindringlichkeit, die jegliche Mehrdeutigkeit zu vermeiden trachtet: „Ihm war zumute, als ob sich alles veränderte, wenn sich der Ort veränderte" [83]; „der nur langsam begonnen hatte, manches, nicht viel, zu begreifen, bis er endlich alles begriff" [84]; „was er vor langem erlebt hatte, gehörte auf einmal zusammen, und es war richtig, daß es zusammengehörte" [85]; „darüber muß man nachdenken, Sie haben keinen Augenblick nachgedacht"; „die gewinnen, ein Fähnchen stecken sie auf, das Fähnchen steckt immer auf, wer gewinnt" [86]. Im Streben nach Klarstellung und Verständlichkeit lehnt Seghers also experimentelle und literarstilistische Sprachnuancen ab. Ihr Stil wirkt dadurch direkt, flächig, fast abstinent und gezügelt im Vermeiden von Metaphern und Symbolen. Die poetische Askese führt zu einer Transparenz, deren Nüchternheit auf die Dauer hin beinahe maniristisch wirkt. Das Postulat des Inhalts bedingt eine eindimensionale Direktheit der Sprache, die jegliche ornamentale Rhetorik als ungeeignet ablehnt.

Findet sich nun eine derartig eindeutige Prosasprache als allgemeingültiges sozialistisches Prinzip in der Literatur auch bei Strittmatter? Dazu nimmt die Dorfbevölkerung in Erwin Strittmatters *Ole Bienkopp* in der Diskussion anläßlich eines Dichterabends Stellung. Der Autor mokiert sich im 43. Kapitel des Romans über ein veraltetes Literaturideal und der ihm entsprechenden Leserpietät, wie auch über die Weltfremdheit der dichterischen Versuche des anwesenden Poeten und seiner opportunistisch ausgeklügelten Verse. Mit den Worten, „Dichten ist Kunst, und wo sie am unverständlichsten ist, ist sie am tiefsten" [87], führt die labile Vorsitzende den Gast in der bäuerlichen Versammlung ein und fährt auf den Einwurf, es handle sich da um einen Irrtum, fort: „Allerdings gibt's Dichtungen, bei denen man nach einigen Sätzen weiß, in welchen

[83] Anna Seghers, *Die Entscheidung* (Berlin, DDR 1960), S. 195.
[84] *ibid.*, S. 227.
[85] *ibid.*, S. 535.
[86] *ibid.*, S. 285.
[87] Erwin Strittmatter, *Ole Bienkopp* (Berlin, DDR, 1965), S. 367.

literarischen Niederungen man sich befindet. Schreibereien, man braucht sie nicht zu Ende zu lesen [88]." Zur großen Langeweile seiner bäuerlichen Zuhörerschaft tummelt sich der Poet dann auf ländlichen Allgemeinplätzen oder transponiert dichterisch tradierte Symbolik in unüberzeugte sozialistische Gebrauchslyrik. Es wird z. B. das romantische Symbol der blauen Blume den neuen Verhältnissen angepaßt; die Umkehrung verläuft dabei so: „Eine Kornblume steht am Feldrain. Sie lächelt so blau vor sich hin. Die Genossenschaftsbauern pflügen den Feldrain um. Die blaublaue Kornblume wird untergepflügt. Kein Jammer. Das Blümchen hat geblüht, nun ordnet es sich den menschlichen Plänen unter. Eine moderne Blume. Weh dem, der weint [89]!" Der Verfasser dieses Gedichtes wird dann alsbald von den Bauern aufgefordert, eine Weile auf dem Land zu verbringen, um die beschriebene Umwelt erst einmal zu erleben, denn nur die unmittelbare Nähe und Vertrautheit mit dem Sujet kann den richtigen sprachlichen Niederschlag auslösen.

Strittmatter exemplifiziert mit dieser Beschreibung seine persönliche ästhetische Konzeption: das Wesen der Dinge muß so eindringlich erkundet werden, bis sie zur Sprachvorstellung geworden sind. Genaues Hinsehen und Ablesen führt bei ihm zu einer stilistischen Lebendigkeit, die den Charakter des Objekts in seiner markanten Eigenart einfängt und in seinem besonderen Detail betont. So wird etwa der Bienenvergleich im Gegensatz zu Seghers' traditionsgebundenem Summen einer Schule „wie ein Bienenhaus" [90] hier künstlerisch individualistisch eingesetzt: „Wie schwärmmüde Bienen hängen sich die Leute an Gotthelf Mischers Getränkestand, und am Zuckerstand von Konsumfräulein Danke sirren die Kinder [91]." Vitalität pulsiert durch Strittmatters Sprachbilder, sie fungieren „undressiert" und voll eigener „Kaleika" [92]. Wie Seghers bekennt auch er sich zum Grundsatz der Verständlichkeit, aber nicht auf Kosten der schöpferischen Eigenart. Auch er begnügt sich wie sie mit einfachsten syntaktischen Strukturen kurzatmiger Sätze und gestaltet sie doch farbig und ausdrucksvoll.

Während aber Seghers und Strittmatter den programmatischen Inhalt noch sehr direkt ins Wort umsetzen, wächst eine neue Schriftstellergenera-

---

[88] *ibid.*, S. 367.
[89] *ibid.*, S. 368.
[90] Seghers, S. 225.
[91] Strittmatter, S. 372.
[92] *ibid.*, S. 143.

tion heran, die sich an den realistischen Werken dieser ihrer Vorgänger schult. Sie sieht die von diesen Mentoren vertretene Sprachgegnerschaft zum Formalismus für sich jedoch nun als ein überwundenes Problem an und wendet sich gegen die darstellerische Unmittelbarkeit dieser Vorgänger, die im literarischen Prozeß für die nachfolgenden Jüngeren unergiebig und aufgebraucht schien. Ohne auf das als antigesellschaftlich gesehene Relikt eines ästhetizierenden Formalismus zurückzugreifen, ging man nun daran, das Konzept des sozialistischen Realismus aus seiner mimetischen Eingleisigkeit zu lösen. Man suchte nach neuen Ansatzpunkten, um die mittlerweile komplexer gewordenen Erfahrungen und Situationen einer veränderten Welt in ihr entsprechenden, vielschichtigen Ausdrucksformen zu erfassen. Die bis dahin vorherrschende Eindimensionalität war den neuen Anforderungen nicht mehr gewachsen; die Reflexion über Phänomene verlangte auch eine reflektive Sprachverwendung, ohne dabei ihre Verständlichkeit einzubüßen.

Einen bedeutenden Höhepunkt im Prozeß einer neuen Sprachsensitivierung stellt der 1968 erschienene Roman *Nachdenken über Christa T.* [93] von Christa Wolf dar. Die sensible Auflehnung der individualistischen Protagonistin dieses Romans gegenüber ihren gesellschaftlichen Bedingungen drückt sich auch darin aus und wird hervorgehoben dadurch, daß sie den sozialistischen Sprachgebrauch einer strengen Kritik unterwirft und sich gleichzeitig von ihm absetzt. Es erweist sich, daß der Zentralfigur Christa T. nämlich die Fähigkeit fehlt, sich im Begeisterungsrausch der Masse aufzuheben. „Die heftigen, sich überschlagenden Worte, die geschwungenen Fahnen, die überlauten Lieder, die hoch über unseren Köpfen im Takt klatschenden Hände. Sie hat gefühlt, wie die Worte sich zu verwandeln beginnen, wenn nicht mehr guter Glaube und Ungeschick und Übereifer sie hervorschleudern, sondern Berechnung, Schläue, Anpassungstrieb [94]." Die eindeutige Benennung der Dinge garantiert ihr nicht mehr die wahrheitsgetreue Integrität, sondern konnte sogar allzuleicht dem Mißbrauch von Opportunismus und Täuschung verfallen.

Neben dieser Bezweiflung positiver Eindeutigkeit stellt Wolf zudem die geistige Erstarrung schablonenhaft gewordener Schlagwörter in Frage: „denn die Menschen waren nicht leicht zu sehen hinter den überlebens-

---

[93] Christa Wolf, *Nachdenken über Christa T.* (Berlin, BRD).
[94] *ibid.*, S. 71.

großen Papptafeln, die sie trugen, und an die wir uns, was sehr merkwürdig ist, schließlich sogar gewöhnten [95]." Die unkritische Anpassung im Chor der monotonen Einstimmigkeit beraubt den einzelnen jeglicher Veränderungsmöglichkeit; das Wort zwingt den Menschen in die Rolle. Individuen oder Dinge ins Wort bannen zu lassen, bedeutet für Wolf endgültige Festlegung, die wieder lösen zu wollen beinahe unmöglich ist. „Daß alles, was erst einmal ,dasteht' — dieses Wort schon! —, so schwer wieder in Bewegung zu bringen ist, daß man also schon vorher versuchen muß, es am Leben zu erhalten, während es noch entsteht, in einem selbst. Es muß andauernd entstehen, das ist es. Man darf und darf es nicht dahin kommen lassen, daß es fertig wird. Bloß, wie soll man das machen [96]?"

Wolf läßt die Überlegungen zur Sprache in diesem Buch zum existenziellen Akt werden. Sie bezeichnet es als „Angst vor den ungenauen, unzutreffenden Wörtern" [97], die das Leben verletzen können in ihrem beabsichtigten oder unbeabsichtigten falschen Gebrauch. Darstellung von Wirklichkeit verlangt Aufrichtigkeit der Benennung, eine Wahrheitssuche, die auf Abwegen ist, wenn sie flüssig, leicht und zweifellos von der Hand geht. Denn die eigentliche Wirklichkeit in Worte zu bringen, ihrem Wesen ernsthaft nachzuspüren, die Erfahrung in diesem Sinne exakt zu vermitteln, heißt an die Komplexität der Dinge unter größten Anstrengungen heranzukommen, wie es Christa T. an Theodor Storm bewunderte [98]. Wirklichkeitserfassung ist nicht Orientierung an vordergründigen Tatsachen mit vorgeformtem Vokabular. Im Gegenteil, „die festen Bilder" sollen gesprengt werden und die „eisernen Definitionen" [99] geöffnet, denn „auch Worte haben ihre Zeit" [100]. Benennung ist verpflichtet, dem Neuen gegenüber offen zu sein. Dabei richtet sich die Intention auf eine wachsame Intensivierung gegenüber jeder Art von Kommunikation und erhebt die ständige Forderung nach Verantwortlichkeit. Doch der Mensch ist schwach, und in diesem Wissen läßt die Autorin ihre am Hauptcharakter exemplifizierte These einen Augenblick lang schwanken, als Christa T. angesichts des Todes allzuleicht der Verwechslung der Be-

---

[95] *ibid.*, S. 72.
[96] *ibid.*, S. 213.
[97] *ibid.*, S. 271.
[98] *ibid.*, S. 121.
[99] *ibid.*, S. 180.
[100] *ibid.*, S. 235.

griffe unterliegt, weil „Täuschung und Rettung in solchen Fällen sehr ähnlich sind — täuschend ähnlich" [101]. Wolfs Darstellung dieser verinnerlichten Biographie von Christa T. zeigt über ihr eigentliches Anliegen hinaus, daß auch das Hintergründige, das Reflexive und Subtile wirklichkeitsnah und konkret wiedergegeben werden kann. Die Idee setzt sie dabei allerdings nicht in einer Eins-zu-eins-Vereinfachung um, sie wird erst in einem nachvollziehenden Eindringen, also in der Reflexion erkenntlich.

Liegt bei Wolf der Absicht ihrer Sprachkritik eine existenzielle Scheu vor der Unveränderlichkeit, der Sterilität, der Verkrustung und der Falschheit von Sprachverwendung zugrunde, so versucht Hermann Kant im *Impressum* allem Sprachgebrauch auf den Grund zu gehen, um eine Sensitivierung gegenüber jeglicher Art von Gedankenaustausch zu erreichen. Er etabliert das Bewußtsein, hinter die Worte zu sehen und aufzuzeigen, was sie verschweigen. Anders als Wolf ist Kant aber weniger daran interessiert, die sozialistische Rhetorik zu beleuchten, obwohl er wie sie ein kritisches Sprachgefühl propagiert. Er will vielmehr als Schriftsteller mit stilistischen Mitteln das Phänomen Sozialismus aufzeigen, also Erkenntnisse und Errungenschaften der sozialistischen Einstellung auch in der Sprache hervortreten lassen. In seinem zweiten Roman, *Das Impressum*, bemüht sich Kant, durch Wortspielereien ein waches Sprachbewußtsein zu entwickeln, um Manipulation und Verschleierung im Wort als rhetorischen Mißbrauch zu entlarven. So berichtet der Protagonist David Groth, hellhörig geworden, z. B. in bezug auf die Judenvernichtung, von seiner „Neigung, hinter die Worte zu sehen und [sich] nicht, um ein Beispiel zu nennen, mit pastoralen Vorstellungen zu befrieden, wenn einer sagt, im Kriege, ach ja, da habe er in einer Güterverwaltung gewirkt" [102].

Unbedacht übernommene Sprachkonventionen sollen aufgerüttelt und damit die dahinterliegenden Ideengehalte in ein neues Licht gerückt werden. Einander sehr ähnliche Wortelemente, sinnmäßig jedoch entgegengesetzt, sind angelegt im engen Nebeneinander, um zu frappieren, zu sensitivieren und die Genauigkeit zu fördern, und so die Gefahr sprachlich suggerierter Denkschemata und gedanklicher Stereotypie aufzudecken und unüberlegte Imitation eingelaufener Sprachfiguren zu unterbrechen. So gehört etwa zum Umbruch der Nachkriegsverhältnisse auch der Umbruch bisheriger Konzeptionen, auf die der Autor im erläuternden Wort hindeutet:

[101] *ibid.*, S. 227.
[102] Hermann Kant, *Das Impressum* (Berlin, BRD 1972), S. 505.

man bringt nun etwa nicht mehr die „Berliner Rundschau" heraus, sondern die „Neue Berliner Rundschau"; man beschäftigt dort nicht mehr auf Trinkgeld bedachte, in Unwissenheit gehaltene Menschen als „Laufjungen", sondern man betraut nun „Boten" mit einer Verantwortung im Gesamtgefüge. Es geht Kant um literarisches Klären und Erklären. Er bezieht Worte aufeinander, die trotz ihrer Ähnlichkeit ganz Widersprüchliches aussagen, wie an dieser Stelle: „Hinter der geübten und üblichen Aufmerksamkeit von Frage und Bescheid fand er sich in Alarm: Mehr war nötig als das Übliche, und Übliches hatte sich als Übel gezeigt [103]." Andere Wortkombinationen sind Gegensatzpaare zur Emphase, und wieder andere ergeben bei gleicher Bedeutung in der Verwendung einen neuen Sinnzusammenhang. Beachtet man im folgenden Beispiel die Anordnung von „übersehen" und „unübersehbar", von „machen" und „schaffen", so zeigt sich, daß hier ein poetisches Stilprinzip in den Dienst der gesellschaftlichen Bewußtmachung gestellt ist. „... denken wir uns einmal zu jedem geadelten Malermodell einen Haufen bis dahin übersehener, weil unübersehbarer Arbeitsleute, das macht dann am Ende auf ein Dutzend gepinselter Obernasen eine Menge harter Fäuste, das macht eine Menge, eine Masse, eine Masse Volks, macht Volksmassen, und von denen kommen wir her, wir, unsereins, und also unsere neue Obrigkeit auch. Sie und wir, wir waren der Hintergrund auf jenen Bildern, deren Vordergrund ein herrschender Dicker auf dickem Gaul einnahm, sie und wir, also unsereins; unsereins war das Getümmel hinter dem vollgefressenen effigierten Schlachtenlenker; unsereins machte dem Künstlerpinsel nicht halb soviel zu schaffen wie ein auserwählter Roßschweif; wir waren Farbrestgesprenkel, irgendwo dahinter. Dann allerdings, dann kamen wir nach vorne und machten denen da zu schaffen und schafften sie ab [104]." Die abgegriffene Rolle erlangt in der Umkehrung durch das Wort neue Bedeutung. Zugleich verweist die Sprache auf eine Umstrukturierung im revolutionären Sinn der Geschichte, und auch im Sinne des Sozialismus; der dicken, adligen Obrigkeit steht die dürre, proletarische Untrigkeit gegenüber; die Ablösung der Aristokratie geschieht zugunsten der Volksmassen, die Abschaffung der Erbfolge führt schließlich zur Demokratie.

Durchgehend läßt sich im Roman die Durchdringung der Substanz mit Sprachlichem verfolgen. Dies reicht von den Namen einzelner Gestalten bis

---

[103] *ibid.*, S. 486.
[104] *ibid.*, S. 44.

zu Sprachmutationen wie das „große Staatenexamen". Immer liegt im Wortverweis auch der Meinungsverweis. So auch in der Benennung der für David Groths Bewußtwerdung so wichtigen Gestalt von Fritze Andermann. Der Vorname Fritz dieses späteren Ministers enthält den Hinweis zum deutschen Thronherrscher und ist doch zugleich ein so häufiger und volkstümlicher Name wie Hans oder Peter. Der Nachname Andermann korrigiert denn auch sofort eine mögliche Fehlsicht, da es jetzt ein anderer Fritze ist, keiner mehr der drübersteht, sondern eben ein Mann unter anderen. Trotzdem ist er nicht „jedermann", er sticht heraus aus der Menge, die sich treiben läßt, er widersteht ihr bewußt und will dennoch nur wie jeder andere sein. Im Namen dieser Gestalt deutet Kant demnach auf den Demokratisierungsprozeß, in ihrem Verhalten säkularisiert er zudem die Figur eines Heiligen. Martyrerartig vom Mob an eine Säule gepreßt im Aufruhr des 17. Juni 1953, wird er nicht gekreuzigt für seine ideologische Standhaftigkeit, sondern gerettet von gleichgesinnten Genossen. Ein Foto dieser Szene wird seitdem sorgsam aufbewahrt in der Kassette gleich einem Heiligenbild im Schrein und dient, wie jenes, der Mahnung. Kant transponiert hier traditionelle Metaphorik in moderne Bildlichkeit.

Den Versuch der politischen Kreuzigung kommentiert Kant schließlich folgendermaßen: „Aber dann steht so einer an einem Tag im Juni mit dem Rücken an einen Pfeiler gedrückt und sieht: Er ist ein Träumer gewesen; er hat die hinter sich geglaubt, um sich, die jetzt vor ihm stehen, gegen ihn drängen und ihm ans Leben wollen; vielleicht weniger wollen als sollen, aber das macht im Augenblick keinen Unterschied — er hat seine Erfahrung mit solchen, die auch weniger wollten als sollten: Sie haben ihn niedergeschrien, weil sie sollten, sie haben ihn gejagt, weil sie sollten, sie haben ihn geschlagen, weil sie sollten, sie hätten ihn umgebracht, wenn es gegangen wäre, und gesagt hätten sie hernach: Wir haben das nicht gewollt, wir haben es gesollt, wir haben es gemußt, wir haben es nicht anders gewußt [105]." Wohl sind die Ereignisse jener Tage aus der Sicht des überzeugten Sozialisten gestaltet, doch verwirft diese gleichzeitig die allgemeingültige Fehlerhaftigkeit politischer Mitläuferschaft, die nicht fragt, ob sich Gehorsam, Gewissen und Wissen in Übereinstimmung befinden. Das Verhängnis der Ignoranz liegt darin, daß sie zwischen Sollen und Wollen nicht unterscheidet. Die politisch blinde Folgsamkeit ironisiert der Autor,

[105] *ibid.*, S. 450.

indem er den Kommentar im Reim enden läßt, dessen trügerischer Gleit-klang eine Scheinharmonie parodiert.

Für die sprachliche Taktik zur Aufklärung benützt Kant auch Bedeu-tungsvariationen, die sich durch das Austauschen von Präpositionen er-reichen lassen. In den Gedanken über Gerhard Rikows zu frühem Ableben wird die Frage aufgeworfen, ob er „in oder an seinem Amt" [106] ge-storben sei, und der Verlust des Freundes löst zwischen Andermann und Groth einen Disput aus, von dem der Außenstehende hätte meinen müssen, „hier stritten zwei auf Tod und Leben. Sie stritten aber über Tod und Leben [107]." Neben dem ernsthaften Bestreben, in der Übereinstim-mung von Wort und Bedeutung Wahrheit zu garantieren, ist Kant aber auch einer der heitersten Schriftsteller unserer Zeit. Ein sprachliches Bei-spiel seines Humors, der sich hier am Spiel mit Präpositionen vergnügt, läßt eine warnende Mahnung des Büchsenmeisters Treder an seinen Lehr-ling David zu dessen wenig wählerischem Umgang in einem witzigen Wortspiel auslaufen: „Mensch, Daffi, zieh dich zurück aus der schütteren Ursula [108]".

Im allgemeinen sucht Kant durch seine Sprachtechnik geistige Um-schlagspunkte zu setzen. Mit Hilfe des sprachbewußten „Veranderungs-effekts" [109] sucht er Veränderungen auszulösen. Indem er einen überholten Zustand in einer überholten Sprache" [110] parodiert, hat er sich eine „Me-thode zum Stutzenmachen" [111] geschaffen, ein dichterisches Mittel für den didaktischen Verweis. Es geht Kant darum, vom tradierten Sein zu einem Selbstbewußtsein und Selbstverständnis innerhalb neuer Anforderungen einer sich verändernden Historie und ihrer Gesellschaft zu führen. Er stellt dabei den menschlichen Emanzipationsprozeß im *Impressum* nicht vor-dergründig als Wendung zum Sozialismus dar, sondern eine demokratische Entwicklung als solche. Gleichermaßen verarbeitet der Autor auch über-lieferte Wortbedeutungen und vorgebildete Formeln zur wachen Sprach-deutung und überparteilichen Sprachbedeutung. Kant fühlt sich keiner poli-tischen Überbaurhetorik verpflichtet; seine Literatursprache bleibt über die Grenzen hin verständlich, wie auch dem dargestellten Lebensprozeß ein

---

[106] *ibid.*, S. 483.
[107] *ibid.*, S. 484—485.
[108] *ibid.*, S. 504.
[109] *ibid.*, S. 304.
[110] *ibid.*, S. 304.
[111] *ibid.*, S. 304.

allgemein übertragbares Moment menschlicher Selbstverwirklichung zukommt.

Neben dem feinfühligen Sprach- und Bedeutungsbewußtsein von Christa Wolf und Hermann Kant zeigt sich 1973 im neueren Romanwerk der DDR mit Ulrich Plenzdorfs Prosastück, *Die neuen Leiden des jungen W.*, eine weitere sprachreformatorische Eigenart. Hier geht es dem Autor darum, in der Aneignung des literarischen Erbguts die Situation wie auch die Sprache gegenwartsbezogen darzustellen. Neben der Modernisierung des Werthererlebnisses, angepaßt an die sozialistischen Verhältnisse der jetzigen Zeit, distanziert sich vor allem der Sprachstil von der klassischen Konvention und orientiert sich an der Umgangssprache der Jugend mit ihren scheinbar regelwidrigen Phrasen und sorglosen fremdsprachlichen Übernahmen. Besonders verwendet Plenzdorf dabei repetitive Sprachwendungen als Erkennungsmerkmale jugendlicher Gruppenzugehörigkeit. Es wiederholen sich Phrasen wie: „Ich analysierte mich kurz", „ich wurde beinah nicht wieder", „das ging mir regelrecht an die Nieren", „ich hätte mich beölen können", „es hat mich zeitlebens immer fast gar nicht getötet", „ich weiß nicht, ob das einer begreift" [112]. Es sind in Eigenform gebrachte Gefühlsausdrücke der Jugend, die sich eben dadurch vom abgegriffenen Kanon ihrer elterlichen Gesellschaft abheben will und in diesem Separatismus Selbstverwirklichung und Identität sucht. Die Wertherparallele verweist dabei auf eine sich wiederholende menschliche Problematik, die jedoch für jede Generation auch wieder neu zu gestalten ist. Plenzdorf transponiert deshalb das unverständlich gewordene „Althochdeutsch" [113] Goethes in die Sprache der heutigen Jugend; er erhält ihr so Subjektivismus und Individualismus des Werthererlebnisses.

Die sprachliche Verwirklichung des für die Denkart der DDR sich ungewöhnlich eng auf das Selbst hin ausrichtenden Lebensgefühls geschieht zum großen Teil durch sprachliche Anleihen aus dem Amerikanischen. In Wibeaus Rede kommen sehr häufig Wörter vor wie: „Old Werther", „Old Willie", „Charlie"; dann „Rowdy", „Recorder", „Show", „Speech", „Beat", „Soul", „Happening", „Jeans", „Kinofan", oder „high", „pinnen", „popen" und „jumpen". Aus dem Sowjetischen ist dagegen nur sehr wenig übernommen; das einzig mehrmals erscheinende Wort ist „Kolchose" [114],

---

[112] Ulrich Plenzdorf, *Die neuen Leiden des jungen W.* (Frankfurt a. M. 1973), S. 31, 78, 87, 111, 112, 120, etc.

[113] *ibid.*, S. 99.

[114] *ibid.*, S. 64, 84, 101.

gebraucht als Synonym zum Schrebergartenidyll der Laube. Doch sind die mannigfaltigen, beziehungsweise geringen Entlehnungen aus den beiden Sprachen nicht als politische Aussage zu werten, denn der Protagonist Wibeau bekennt sich ideologisch durchaus zu sozialistischen Prinzipien: „Ich hatte nichts gegen Lenin und die. Ich hatte auch nichts gegen den Kommunismus und das, die Abschaffung der Ausbeutung auf der ganzen Welt. Dagegen war ich nicht. Aber gegen alles andere [115]." Die Übernahmen aus der amerikanischen Jugend- und Popkultur suchen vielmehr eine neue Lebenshaltung zu charakterisieren als unmittelbares, echtes und natürliches Empfinden und der ehrlichen und offenen Begegnung mit der Umwelt, die sich der Systematisierung durch das Establishment widersetzt. Hieraus erklärt sich das Symbol der amerikanischen Jeans, die „eine Einstellung und keine Hosen" [116] sind. Echte Jeans symbolisieren Integrität, den totalen Lebensbezug und bleiben nicht beschränkt auf einen Funktionalismus im Kleidungsstück. Trägt nämlich einer solche Jeans, dessen Haltung ihnen nicht entspricht, so ist das, „wie wenn einer dem Abzeichen nach Kommunist ist und zu Hause seine Frau prügelt" [117].

Es wirft sich die Frage auf, ob sich eine derartige Lebenshaltung auch mit Sprachniederschlägen aus der Sowjetsprache hätte ausdrücken lassen, wenn doch Plenzdorf ideologisch nicht dem Westen zuneigt. Daß er statt der amerikanischen nicht die sowjetische Samisdat Untergrundkultur als Wortgeber heranzieht, mag bedeuten, daß solche Anspielungen in der DDR nicht allgemein verständlich wären oder daß der Autor sich mit diesen Bewegungen nicht solidarisch erklären wollte, oder aber er hat hier ein wirkliches Reservat der Zensur berücksichtigt.

Über die besprochene Assimilation des Fremdsprachlichen und die Aufnahme des jugendlichen Generationsjargons hinaus ist das bei Plenzdorf verwendete Deutsch ebenfalls ganz ohne Merkmale politischer Überbaurhetorik. Alle Einschübe ungewohnter jugendlicher Sprachdiktion werden aus dem sonst präzise und eindeutig formulierten Text verständlich. Die umgangssprachlichen Verwendungen stellen in diesem Plenzdorfstil eine experimentelle und zugleich sprachbelebende Variante dar. Dieser Stil spiegelt die kulturpolitische Lockerung unter Honecker deutlich wider, die nun alle schriftstellerische Eigenart zuläßt, solange sie nur auf einem festen sozialistischen Standpunkt basiert.

[115] *ibid.*, S. 80.
[116] *ibid.*, S. 27.
[117] *ibid.*, S. 27.

Wie an den Beispielen Wolf, Kant und Plenzdorf verdeutlicht, hat die Möglichkeit der freieren ästhetischen Gestaltung in der DDR das künstlerische Bewußtsein gesteigert; es besinnt sich darauf, den Inhalt wieder zu literarisieren, indem es die Form als wesentlichen Faktor der künstletischen Aussage einsetzt. Die den Werken zugrundeliegende Haltung orientiert sich dabei weiterhin ausschließlich an sozialistischen Gesichtspunkten, sie sucht jedoch zugleich übertragbare menschliche Probleme darzustellen. Zudem überwindet die verstärkte Bemühung um die ästhetische Gestaltung immer häufiger den Charakter des sozialistischen Tendenzstücks.

DIALEKTISCHE VERÄNDERUNG ALS POETISCHES PRINZIP

Es ist nichts Neues, daß der sozialistische Realismus und der ihm zugrunde liegende Denkkanon die DDR-Literatur bestimmen; zumindest verdeutlicht aber die jüngste DDR-Prosa die Überwindung einer rein mimetisch deskriptiven und vereinfachend kommunikativen Funktion der Literaturschreibung. Neben einem von der Rezeption ausgehenden Anliegen der Effektivität setzt sich nämlich nun auch der ästhetische Anspruch als zunehmende Assoziierung von Inhalt und Form wieder durch. In den jüngsten Romanen bemühen sich die Schriftsteller um einen Gestaltungsmodus, durch den der ideologisch vorbestimmte Inhalt in der ästhetischen Struktur und in der Ausdrucksweise seine Entsprechung erhält. Im Niederschlag dieses vom dialektischen Prinzip bestimmten Korrelationsverhältnisses, das ein ausgeprägtes künstlerisches Verständnis voraussetzt, zeichnet die sozialistische Literatur sich nach und nach ab als eine partikular-historische Konkretationserscheinung. Der Vorwurf, es erfolge in dieser Literatur eine Nivellierung von Dichtung zu Pamphlettexten, trifft deshalb nicht auf sie zu. Vielmehr handelt es sich um die ansteigende Eigenentwicklung einer Literatur, die Stadien einer mählichen Neuformierung ihres Selbstverständnisses durchläuft. Traditionelle literarische Formen und Charakteristiken werden dabei auf ihre Verwendungsmöglichkeit in Hinsicht auf einen revolutionären Neugehalt geprüft, wobei vieles (wie z. B. die Stilarten Satire und Groteske) ausgeklammert, oder doch nur zur Verdeutlichung überwundener Stadien eingesetzt wird, anderes aber in Umkehrung der bisherigen Funktion (wie z. B. die Genre Entwicklungs-, Bildungs-, Erziehungsroman) mit neuen Vorzeichen verwendbar bleibt. Trotz ihrer Umformierung scheint die neuverwendete Form dem sich neuverstehenden Kunststil in der oberflächlichen Lesung konservative Züge zu verleihen, da Übernahme, bei aller Veränderung, bewahrende Adaption suggeriert.

Absicht der Umfunktionierung ist es vor allem, den Transzendenzcharakter tradierter Literatur in einen zielgerichteten Wirklichkeitszusammenhang zu transponieren, indem die metaphysische Dichtungshaltung aufgehoben wird durch eine an der Immanenz sich orientierende Gestaltungsweise. Die mystische, auf eine Göttlichkeitsidee verweisende Aussage wird ersetzt durch eine humanitätsbezogene Geschichtsidee. Die subjektive Verinnerlichung, die Herstellung eines metaphysischen Individualbezugs zu einem Privat-Absoluten in der ICH-ES-Struktur entfällt; statt ihrer besteht im sozialistischen Verständnis eine allgemeingültige Grundkonzeption, die individuell nachzuvollziehen ist und so zu einer ES-ICH-Struktur führt. Muß das nichtsozialistische Individuum den eigenen Bezugspunkt selbst leisten, oder wie bei Kafka sich in der Beziehungslosigkeit ausgeliefert fühlen, so hat der Sozialismus einen neuen Daseinsbezug ermöglicht. Für den sozialistischen Schriftsteller ergibt sich damit die gehaltliche Identifikation; seine individuelle künstlerische Freiheit beweist sich vor allem darin, die Ausformung der ideologischen Prinzipien und ihre ästhetische Gestaltung vielfältig zu variieren.

Neben der materialistischen Umkehrung des metaphysischen Aspekts in der Dichtung wurde auch die Idee eines auf Ruhe, Geschlossenheit, Vollendung abzielenden Seinsverständnisses aufgebrochen. Überzeitlichkeit und Zeitlosigkeit als Ausdruck der Vollkommenheit sind unvereinbar mit der dialektischen Forderung nach andauernder Veränderung, die ein ständiges, auf Progression ausgerichtetes Offensein bedingt. Stillstand bedeutet für den einzelnen wie für die Gesellschaft Stagnation. Ihr entgegenzuwirken verlangt Aufmerksamkeit gegenüber den Kräften der Veränderung und die Bereitwilligkeit, auf einen Ruhezustand zu verzichten. Diese Erkenntnis ist besonders dem Manne nicht von vornherein gegeben, sondern muß in der Auseinandersetzung mit der Umwelt erlernt werden. Der Bildungsgang entwickelt sich dabei nicht am Scheitern im irrigen Streben nach persönlichen Idealvorstellungen und schließlicher Entsagung des Individuums, wie etwa bei Keller, oder durch Lenkung von Mentorfiguren, die einen übergeordneten, zentralen Plan verfolgen wie im *Wilhelm Meister*; das Individuum entfaltet sich vielmehr am Vorbild Gleichgestellter, die sich seiner annehmen aus einem mitmenschlichen Anliegen heraus. Sie treten als Kontrastfiguren auf, an denen sich der einzelne mißt. Daraus ersteht nicht etwa ein Eliminierungskampf, sondern die Angleichung in der beiderseitigen Erkenntnis der gemeinsamen Interessen. Die sozialistische Literaturauffassung hat sich das dialektische Modell als gehaltliches und als ästhetisches Prinzip gesetzt. Fortschritt im sozialistischen Geschichtsdenken basiert auf dem Veränderungsprinzip antithetischer Wechselwirkung. Nicht tragische, tödliche Ausschaltung einer der Gegensatzkomponenten wird angestrebt, sondern überwindendes Wachsen in der konstruktiven

Auseinandersetzung. Kleinste Spiegeleinheit dieses Vorgangs ist die Entwicklung des einzelnen; in der Identifikation mit dem Prinzip des Überbaus unterstellt auch er sich dem Modus der ständigen Verwandlung.

Hermann Kant: „Das Impressum"

Der DDR-Gegenwartsroman ist zumeist Entwicklungsroman: es wird die Konstituierung des Individualdaseins in einem neuen Selbstverständnis unter neuen gesellschaftlichen Bedingungen aufgezeigt. Auch Hermann Kant benützt im *Impressum* [118] für die Biographie des vierzigjährigen Protagonisten David Groth diese für das Anliegen der DDR-Literaturschreibung besonders geeignete Romanform. Kant verfolgt darin wie viele DDR-Romane vor allem die Absicht, daß aus der Retrospektive die notwendige und ausschlaggebende Vorgeschichte für die morgige Entscheidung und damit für den künftigen Weiterlauf der dargestellten Lebensgeschichte erkannt wird. In einem Interview mit Anneliese Große erklärt Kant seine Erzählhaltung dahingehend, daß er immer versuche, „von einem bewegenden Moment her zur Gesamtbewegung vorzustoßen und diese Gesamtbewegung bezieht eben auch zurückliegende Vorgänge mit ein. Ich sage mir immer, kein Ding ist so, wie es ist, wären nicht andere Dinge vor ihm gewesen, wie sie waren, und um dieses eine zu begreifen, muß man sich auch mit dem anderen befassen [119]."

Der Rückblick beschäftigt sich im *Impressum* wie in den meisten DDR-Romanen mit der faschistischen Vergangenheit, dem Übergang der Nachkriegsjahre und der Etablierung der Gegenwart. Aber über aller Besprechung von Vergangenheit und Gegenwart erhebt sich die Forderung nach der Zukunft. Das Romangeschehen ist zur Vergangenheit hin geöffnet, denn die Wertung des Vergangenen ist Ausgangspunkt für die Problemlösung in der Gegenwart und soll zu zukunftsbestimmender Konsequenz führen. Eine derartige Dreiteilung des Zeitlichen in vergangene Entwicklung, gegenwärtiges Status-quo-Dasein und zunehmendes Zukunftsverständnis stellt die dialektische Grundstruktur nicht nur dieses Romans, sondern auch anderer sozialistischer Gegenwartsromane dar.

[118] Hermann Kant, *Das Impressum* (Luchterhand, Neuwied und Berlin 1972). Seitenzahlen im Text beziehen sich auf diese Ausgabe. (Copyright: Rütten & Loening, Berlin 1972).
[119] Anneliese Große, „Interview mit Hermann Kant" in *Weimarer Beiträge* 8, 1972, S. 53.

Hermann Kant verzichtet dabei auf ein kontinuierlich ablaufendes Erzählen, er läßt das Epische vielmehr über das Gestaltungsmittel der Episode zustande kommen. Den verknüpfenden Zusammenhalt dieser Reihe von Einzelbildern stellen die an den Protagonisten ergangene Berufung zum Minister her, deren Akzeptation seine Bewußtseinserweiterung fordert. Für die rückblickende Umschau und Wertung ist das Episodische besonders geeignet. Es hebt an Hand relevanter Lebensausschnitte den bisherigen Lernprozeß und die Lernfähigkeit David Groths hervor, wobei alle Einzelepisoden wesentliche Erkenntnisse verkörpern. Dazwischen erlaubt es aber auch resümierende Reflexionseinschübe, deren Subjektivität sich jedoch nicht über die gesammelte Erfahrung hinwegsetzen darf; die Episode wirkt für sie richtungweisend und objektivierend.

Die geistige Verfassung des Protagonisten in der Zeitebene der Gegenwart kommt einer Weigerung an die Zukunft gleich und wird durch Erlebnisse von prononcierter Beispielhaftigkeit aus Groths eigener Vergangenheit korrigiert. Es geht Kant dabei in der Zusammenstellung der Rückblenden nicht so sehr um die Vorwärtsbewegung des epischen Handlungsablaufs, als um einen straff organisierten Reflexionsprozeß. Wie der Erzähler feststellt, handelt es sich für David Groth um „Momente, von denen her er um einiges mehr mit der Welt vertraut geworden war. Es waren Umschlagspunkte vom bloßen Tun hinüber zum Begriff gewesen, Übergänge aus der Erfahrung ins Bewußtsein, Schaltungen vom Erlebnis zu einer Regel" (448). Insofern steht das Episodische nie in funktionsloser Eigenwertigkeit, sondern zielt in der Integration immer auf die übergeordnete Idee des Romans hin, nämlich auf David Groths Entschluß zur größeren Verantwortung. Das Ensemble der Momente, die Summe der Erfahrungen sucht ein überzeugendes Bezugssystem für die Unerläßlichkeit des Fortschritts herzustellen.

Jedes der vierzehn Kapitel des Romans setzt sich zusammen aus einer sorgfältig ausgewählten Aneinanderreihung von Episoden und Bildern, die jeweils in sich selbst ein geschlossenes Ganzes ergeben, aber erst in der erweiterten Perspektive von David Groths Auftrag die Erzählintention erkennen lassen. Jede Erzählung, jede Episode im Roman beinhaltet Veränderungspotenz und Wendepunktcharakter. Untereinander oder im Bezug auf den Protagonisten sind sie vom Autor antithetisch arrangiert, so daß aus ihrer Wechselwirkung Neugewonnenes sich abzeichnet. So beginnt David Groths Lebenslauf unter dem Einfluß oppositioneller Weltanschauungen, in der Ära faschistischen Herrenwesens und jüdischen Ausgeliefertseins, dem auch David und seine Familie durch den ungebeugten Widerstand des Vaters ausgesetzt sind. Die tragische Geschichtserfahrung des Jugendlichen formiert sich in ihm zu einem wachen Geschichtsbewußtsein. Die Erlebnisse kristallisieren sich zu Warnsignalen und rufen ihn auf, Ähnlichem selbst in abgewandelter Gestalt mit Verdacht zu begegnen. Diese Vorsicht bewährt sich später vor allem dann, wenn es gilt Gesinnungen zu vermeiden, die allzuleicht an Überständigem festhalten, die der Stagnation zu verfallen drohen oder unbewegliches Dogma an Stelle von Geschichtsfortschrittlichkeit rücken wollen. Die folgenden drei Beispiele zeigen das Verfehlte solch unbeweglichen Verharrens auf.

Da ist die Episode mit Frans Fotografien aus dem Kindbett, die Hilda Gengks an der Tradition orientierten Sinn für Schicklichkeit beleidigen. Davids Ärger begegnet diesem Vorurteil mit gleicher Vehemenz, so daß die scharfe Gegensätzlichkeit ihrer Meinungen fast zu einem Verstocken führt und damit die dialektische Beziehungssuche beinahe zum Stillstand bringt. Voller Zorn eifert David Groth: „das macht mich rasend: daß in der guten Genossin Gengk noch etwas steckt, das sofort Stimme kriegt, wenn ihre Gewohnheiten irritiert werden, und in ihr funktioniert immer noch etwas, womit man jahrhundertelang alles Fremde ins Unglück funktioniert hat: das Ungewohnte, das einsame Neue, das abweichende Talent, das verstörende Andere. Das zieht sich doch hin... von Olim her: Die Erde ist ein Jammertal — wer's anders sagt, kommt vom Teufel; der König ist von Gott gesandt — wer's anders sagt, fahr zur Hölle; die Weiber sind aus Adams Rippe, und Rippenfleisch hat das Maul zu halten; die Erde ist eine Scheibe; Unternehmer sind Arbeitgeber; ... der Mensch kann nicht fliegen; ... wer Sozis wählt, richtet Deutschland zugrunde; ... Politik verdirbt den Charakter; Juden haben keinen Charakter; ... und im Kindbett fotografiert man nicht — so!" (334 f.) Meinung trifft auf Gegenmeinung mit gleicher Ausschließlichkeit. David muß erkennen, daß er seine Prinzipienhaftigkeit mäßigen muß, wenn er den Durchbruch erreichen will, wie er es seiner Frau gegenüber viele Male aus Liebe getan hat, denn nicht Helga Gengk, sondern ihr Vorurteil gilt es zu beseitigen.

Einen ähnlichen Anstoß zur Erkenntnis der Gefahr des eigenen Stillstands versetzt Kant seinem Protagonisten in der Episode über Carola Krell und deren Mann Arthur, der sich seit Jahren dem Auftrag der Weiterbildung widersetzt, der kein Buch in die Hand nimmt, weil es ihm die Ruhe gefährden könnte. Durch Davids positive Intrige wird er aus seiner sorgfältig erbauten Routine und damit aus der Stagnation gezwungen und in den Fortentwicklungsprozeß eingespannt. Gleichzeitig verweist Davids Initiative im Einschreiten gegen das Verhaften im Status quo auf die eigene Situation. Auch er sucht nach Einwänden gegen die Ministerberufung, um in der vertrauten und liebgewordenen Stellung verbleiben zu können. In der Entscheidung über den anderen fällt er auch die Entscheidung zur eigenen Höherentwicklung.

Unproduktives Kleben am Dogma exemplifiziert Kant in der Episode um den Theoretiker Herbert Bleck. Er ist die Verkörperung einer völlig falsch bewerteten Geschichtskonzeption, in der das Anliegen der historischen Progression zum starren Dogma versteift ist. „Bleck verhedderte sich immer wieder in ein Gewirr aus scharfen Ideen und verdächtigen Erscheinungen; er kam mit dem vorgefundenen Menschen nicht zurecht, ... der hatte keine Zukunftsfühler und nicht ein winziges Extraeckchen für Humor; der tönte so lange von Entwicklung, bis niemand sich mehr regen mochte ... Er hatte bei aller Geschultheit nicht verstanden, daß des Lernens niemals ein Ende sei" (272). Becks Festgefahrensein entspricht jenen Chefsmanieren, deren Parole lautet: „Ich ordne an!" (126). Statt dieser überholten und unbeliebten Dominanz wird in fortschrittlichen Verhältnissen längst die pädagogische „Makarenkomethode" (125) vorgezogen, deren sokratischer Stil, wie David als Chefredakteur weiß, zwar mühevoll, aber in der gemeinsamen Weiterüberlegung sich als positiv und produktiv erweist.

Im Geschichtsbewußtsein David Groths hat Überholtes, Stagniertes oder Dogmatisches keine Daseinsberechtigung. Die episodenhaft dargestellten Beispiele führen deshalb jeweils zu einem Auseinandersetzungsprozeß der Zentralgestalt mit solchen Formen der Rückständigkeit und zur nötigen Veränderung oder Richtungsweisung. Erneuerung kann dabei auf vielerlei Weisen erfolgen, durch innere und äußere Veränderung oder auch durch bewußte Neuformulierung des Bleibenden: „Der Änderung Bewegungsformen waren unendlich viele. Manches erledigte sich von selbst. Manches wurde einem durch übergeordnete Beschlüsse wegerledigt. Moden gingen dahin und mit ihnen der Widerstand gegen sie. Kenntnisse kamen, die Anerkennung ermöglichten. Neue Beleuchtung und Lichter gingen auf. Andere Gewichte waren zu tragen, und das machte eben noch Unentbehrliches unwichtig. Zeit war nicht nur Griffel, war auch Schwamm. Verständnis gebar Verständnis. Aber auch Beharrung war möglich; war möglich, wo sie nötig war. Nur mußte bewiesen werden, daß sie nötig war ..." (337).

Die Idee der Beharrung behandelt Kant sehr differenziert; er widmet der Beweisführung ihrer Existenzberechtigung sorgfältige Aufmerksamkeit. Denn Beharrung an sich birgt in sich den Keim des Absterbens, des Todbringenden und läuft damit der dialektischen Dynamik zuwider. Wie kann also der Begriff in einem Roman, der um die Idee der Progression zentriert, überhaupt als Möglichkeit bestehen? Kant überträgt ihm eine Art mythische Wiederholung der Rolle und unterscheidet darin zwei Erscheinungsformen: die Rolle kann als direkte Wiederholung auftreten, wobei ihre Rückkehr zum ursprünglichen Ausgangspunkt als Regression und toter Leerlauf erkannt werden muß. Die Rolle kann aber auch auf indirekte Weise zur Wiederholung werden, und zwar als Nachfolge und damit als Weiterführung. In dieser zweiten Daseinsform der Wiederholung liegt für Kant die positive, fruchtbare Seite des Konzepts Beharrung; sie erweist sich letzten Endes als Variante im Prozeß der Veränderung. Sind also die Gewissensbisse des ehemaligen Arbeiters Güldenstern über seine Stellung als Intelligenzler berechtigt, und sollte er daher aus der jetzigen Position eines Journalisten für Wirtschaftsangelegenheiten an den ursprünglichen Arbeitsplatz zurückkehren? Sind die Sehnsüchte des einstigen Reporters David Groth berechtigt, und sollte er daher aus seiner jetzigen Position als Chefredakteur in das abenteuerliche Berichterstatterleben zurückkehren dürfen? Beide Wunschträume werden negiert; Wiederholung müßte hier verfehlte Rückentwicklung bedeuten. Groth erklärt Güldenstern: „Als studierter Redakteur bist du mit ihnen [den Arbeitern] zehnmal mehr verbunden, als wenn du ein Abgebrochener wärest, ein Wolltemalundkonntenicht" (398). Auch den eigenen Konjunktivträumen begegnet er mit ähnlicher Indikativnüchternheit: „Wir glauben uns zu der Hoffnung berechtigt, daß die journalistische Sache wichtiger ist als der Journalist David Groth, wir erwarten die Ansicht von dir, daß zwar Livingstone gefunden werden muß, aber nicht unbedingt von David Groth-Stanley ..." (414 f.). Kant macht verschiedentlich deutlich, daß eine Wiederaufnahme des alten Rollenverhältnisses als regressiv, als rückfällig, als obsolet zu sehen ist. Zwar ist die Rückerinnerung aus der erweiterten Sicht zum Zwecke der Bewußtwerdung des Werdegangs erforderlich, mythische Wiederholung jedoch ist in Anbetracht der zwischenzeitlichen Aneignung von Wissen und Bereicherung an Erfahrung nurmehr im Suchen nach einem geeigneten Nachfolger zulässig: „und dann darfst du umhergehen unter deinem Volke und darfst dir deinen Stanley suchen. Und solltest du einen finden, dann bist du besser als Stanley, der Livingstone fand, denn dann bist du David

Groth, der einen neuen Stanley fand" (415). Mit solchen Einsichten führt Kant den Protagonisten allmählich zur Gewißheit, daß sich „Hauptverantwortliche" (489) werden finden lassen, die ihn ablösen, damit er dem Ministerruf Folge leisten kann.

Neben die postitive Wiederholung in der Nachfolge, die Weiterentwicklung beinhaltet, stellt Kant mythische Wiederholung als tragisches Beharren ohne Möglichkeit der Rollenänderung. Dort, wo die Rolle keine Neuerung erfährt, wo ihre Substanz unangetastet bleibt, bedeutet sie im *Impressum* Tragik, Tod, Gewalt. Sie erweist sich als unumstößliche, tödliche Gleichförmigkeit eines immer wieder vom Krieg bestimmten Geschichtsablaufs. Kant verdeutlicht diese Vorstellung an zwei widersprüchlichen Beziehungen zum Krieg um die Gestalt des sowjetischen Stadtkommandanten Wassilij Wassiljewitsch Spiridonow: einerseits in dessen fragwürdiger Verteidigung des Feldherrenidols und andrerseits in der tragischen Erkenntnis des immer wieder im Tod endenden Soldatenschicksals. Spiridonow möchte den Generalfeldmarschall Graf Helmuth von Moltke zumindest als Strategen gelten lassen, obwohl ihm durch Fritz Andermann die Gegengründe für eine solche Einstellung längst klargemacht wurden. Er schätzt in dem Preußen die theoretische Kriegsführung, ohne die dahinterliegenden Kriegsabsicht in Betracht zu ziehen. Die Liebe des Russen zur deutschen Kultur scheint ihn dazu zu verführen, auch deren Abart unkritisch zu übernehmen. Für Andermann ist Moltke dagegen vor allem Vertreter der verhängnisvollen Meinung, daß Krieg ein Glied in Gottes Weltordnung sei, indem sich die edelsten Tugenden der Menschen entfalteten (441). Andermann ersetzt deshalb die Moltkestatue mit einem Stalinbild, allerdings mit der doppeldeutigen Beschriftung: „Die Hitler kommen und gehen, das deutsche Volk aber bleibt" (442), worauf dann Spiridonow diese Gleichsetzung von Hitler und Stalin durch die Hinzufügung „und dieser Moltke auch" ergänzt. In der Aneinanderreihung Moltke-Stalin-Hitler macht der Autor die ewig blutige Ideologieetablierung als mythischen Wiederholungsprozeß offensichtlich. Wird auch die Assoziation der Gewalt im politischen Witz des Wortspiels abgeschwächt, so verweist im Gegenbeispiel die Tragik des typischen Soldatenschicksals des Schülers Wanja unzweifelhaft auf die widersinnige Wiederholung ohne Entwicklungsmöglichkeit. Wanja Koleschow, einst der beste Deutschschüler des ehemaligen Lehrers Spiridonow, unter dessen Anleitung er die Titelrolle des *Prinzen von Homburg* einübte, mußte noch vor der Premiere gegen Hitlerdeutschland einrücken und fiel dabei im Feldzug. Kant steigert dieses Schicksal zur mythischen Rolle in Groths ahnungsvoller Spekulation über Wassilij Spiridonows Teilnahme an den Ereignissen des 17. Juni. „Vielleicht hat er Garnison in Neuruppin bei Fontane, oder er ist in Frankfurt/Oder stationiert und hat da schon wieder einen Kleist-Zirkel aufgemacht mit einem neuen Wanja als Prinzen. Stell dir vor, dann rufen sie ihn ans Telefon: Wassilij, steig wieder ein, du mußt noch mal nach Berlin, der Deutsche, weißt du, er hat's noch nicht begriffen. Dann sagt Wassilij: Komm, Wanja, laß den schönen Text, nimm die Schpagin, steig auf — sie glauben, sie haben schon wieder Strategie, Nathalie muß warten!" (461). Selbst dort, wo kriegerisches Einschreiten als notwendig gesehen sein mag, ordnet der Autor der mythischen Wiederholung Tod und Tragik bei; die Darstellungen im Zusammenhang mit der Idee des Krieges sind als unsinniger Kreislauf charakterisiert und widersprechen als Konzept der konstruktiven Suche nach Veränderung. Höherentwicklung ist für Kant militärisch nicht zu erreichen, sondern muß vielmehr durch eine Strategie mit geistigen Waffen geschehen wie im Bild des Journalisten, für den das Mittel zur „Weltherrschaft" im unbegrenzten Geist liegt, für den die Zielmarke „Möglichkeit" heißt, offen für verwegene Träume und Hoffnungen, für gediegene Arbeit, gleich einer unendlich langen „Schule mit einem Blick für die Ewigkeit" (234).

Die Forderung nach ständiger Weitersuche, nach dauerndem Offensein ist für Kant nicht nur Bedingung einer vorwärts- wie rückwärtsorientierten Geschichtserfahrung, sie gilt auch für die Gegenwart im ehelichen Alltag. Der eheliche Vertrag darf die Partnerschaft nicht zur Routine werden lassen, denn Gewohnheit droht den lebenswichtigen Austausch abzutöten: „Zueinanderpassen heißt auch, von den Gefahren des Miteinander wissen, von denen der Schmirgel Gewohnheit eine der schlimmsten ist. Zuerst verschleift er die störenden Unebenheiten, aber dann kommt die Glätte, nichts greift mehr, keine Reibung, keine Reibungswärme, keine Reibungselektrizität, spannungsloser Zustand, Langeweile, ein Leben zu zweit nach außen hin, und wenn es gut geht, Trennung, und wenn es schlecht geht, Goldene Hochzeit ..." (218). Um die Ehe der Zentralgestalten vor der Gefahr des Stillstands zu bewahren, sind die Ehepartner Fran und David Groth als charakterliche Gegensätze angelegt. Fran ist aufgeschlossen, objektiv, sachlich, vernünftig. Als Fotografin erweist sie sich als kühle, nüchterne Aufzeichnerin von Tatbeständen, die sie sammelt, um den Geschichtsablauf zu sichten und zu dokumentieren. In die Ehe bringt sie dazu echte Gefühlswärme ohne falsche Sentimentalität. Ihr Mann ist dagegen subjektiver, überschwenglicher, parteilicher, gelegentlich ungerecht. Wie in anderen sozialistischen Romanen gilt auch ihm die Frau als mäßigendes Element, als klarstellende, hinweisende, ausgleichende Komponente, obgleich hier die tradierte männliche und weibliche Gemütslage mitunter ausgewechselt ist; nicht selten mildert Fran mit Vernunftsgründen die Unduldsamkeit ihres Mannes. Das Verhältnis beider Partner zueinander ist gekennzeichnet von einer tiefen Interdependenz, von echter Interaktion, von ernsthafter Auseinandersetzung: „Sie kamen nicht zur Ruhe, nicht zu jener Ruhe, nicht zu jener Ruhe, in der Fahrrinnen versanden" (218). Daß die Gefahr der Gewöhnung auch in der Begegnung mit dem Andersartigen besteht, sobald dies als übliches Verhalten erkannt und damit berechenbar wird, zeigt Kant im metaphorischen Vergleich der Ehe mit den regelmäßigen Gezeiten des Meeres, dessen Ruhe zwar wie ständige Bewegung erscheint, darin aber trügt: „Ebbe und Flut sind Bewegung, aber die ist von Ewigkeit, und alle Abweichung in Dauer und Stärke fallen, wo das so lange geht, zurück in eine Regel, und in den Augenblicken, da die Flut zur Ebbe kentert oder die Ebbe zur Flut, in den Waagemomenten des Stillwassers, sinken Schlamm und Planktonreste zu Boden, und der wächst, und einmal ist nicht mehr freie Fahrt, wo neulich noch freie Fahrt gewesen ist" (218). Die richtige eheliche Partnerschaft ist somit dargestellt als dialektische Grundeinheit eines lebendigen Verhältnisses zweier starker und sich selbständig entwickelnder Individuen, die sich um eine ständig neue Wechselbeziehung zueinander bemühen müssen. Die eheliche Rolle darf dabei nicht vordergründig dominieren, derart, daß im Miteinander ein Abhängigkeitsverhältnis entsteht, das in der Typisierung stagniert und in der Sehnsucht nach Ruhe in Gleichförmigkeit versandet.

Die erzählte Zeit des Romans umfaßt nur einen einzigen Tag in David Groths Leben. Sie beginnt am Morgen und endet mit Groths Heimkommen am Abend. Innerhalb dieser kurzen Zeitspanne ist das Wesentliche eines ganzen Daseins zusammengerafft, mit Erinnerungen, gegenwärtig Wichtigem und Zukunftsgedanken. Die Auswahl der Ereignisse und Gedanken sind alle auf Groths Entscheidung hin ausgerichtet, den Ministerposten, den er morgens noch ablehnen möchte, am Tagesende anzunehmen. Die episodenhaften Erzählungen sind gemeint als Perspektiven des Bewußtwerdungsprozesses: „Man beguckt sich eine Sache, und plötzlich langt die zu und hält einen fest, und du merkst gar nicht, wie sie dich verändert, während du dich mit ihr beschäftigst" (152).

Sowohl im Anfangs- als auch im Endkapitel überwiegt im Gegensatz zu den übrigen die Reflexion. Überlegungen zur Ablehnung der Minister-Ende abgelöst durch Überlegungen, die für die Annahme einer solchen Ver-berufung am Beginn werden am Ende abgelöst durch Überlegungen, die für die Annahme einer solchen Verantwortung sprechen. Beide Kapitel sind auf einem dialektischen System aufgebaut: das erste auf einer dominierenden Sprachdialektik, das letzte auf einer bestimmenden Strukturdialektik. Im Anfangskapitel glaubt sich Groth an dem für ihn bestimmten Platz in seiner Laufbahn angekommen und versucht deshalb, verführt von der liebgewordenen Routine, die erworbene Stellung zu verteidigen. Er setzt sich damit für die Stagnation ein. Nach zweiundzwanzig Lehrjahren meint er die Ruhe verdient zu haben. Wie wird er aber den Argwohn vor sich und der Welt vermeiden können, daß nach so viel Bewegung, Anstrengung und Jugend nun nicht Stillstand, Bequemlichkeit und Altenteil eingetreten sind? Zweifel melden sich an: „Denn wenn ich meine Hoffnung in den Nachweis gründe, ich könnte künftig nicht erfüllen, was von mir erwartet wird, so muß ich mich auf die Frage gefaßt machen, ob ich in Wahrheit noch zu dem tauge, womit ich gegenwärtig beauftragt bin" (17). Stillstand in einer sich entwickelnden Umwelt bedeutet Rückwärtsgleiten. Groths Bewußtseinshaltung vermag den Veränderungszwang nicht auszuschalten. Das Gewordene ist immer wieder durch das Werdende zu übertreffen.

Die inhaltliche Intention wird in diesem ersten Kapitel in der Sprachtechnik mitreflektiert; Kant verleiht dadurch dem dialektischen Prinzip ästhetische Gestalt. Er erreicht dies durch antithetische Wortgruppierung, deren Bezugspolarität meist in den Konzepten „unten" und „oben" zum Ausdruck kommt. Das Spannungsfeld dieser Gegensätzlichkeit wird strukturelles Symbol der Beziehungssuche. Hierher gehört das Bild der Lebenstreppe, „ein Stufenweg von unten nach oben" (8), ein beschwerlicher Weg, „aber immer Auf-, nicht Abstieg" (8). Hierher gehört auch die Idee des Lebenslaufs in Form eines Diagramms, dessen Waagerechten auf „Tätigkeiten, Leistungen, Zugehörigkeiten, Zuständigkeiten, Ränge, Auszeichnungen und Familienstatus" (10) verweisen, und dessen Senkrechten über den Zeitpunkt aufklären, „wann man es getan" (10). Kant benützt diesen antithetischen Wortkomplex nicht nur, um das Einzelschicksal zu charakterisieren, sondern auch, um den geschichtlichen Evolutionsprozeß der Menschheit aufzuzeigen. Er bemüht sich darum, uralten Aberglauben aufzubrechen, nämlich jene Denksitte, die meint: „Unter uns und um uns liegt das Reich der Selbstverständlichkeiten, über uns aber beginnen Mysterien ... Unsere Oberen sind anders als wir; sind sie nicht gleich Götter, so sind sie doch uns anderen Menschen nicht ganz gleich" (39). Der langwierige Geschichtsprozeß hat diesen Aberglauben überrundet und führte zum Sieg der Demokratie, und damit sagt sich David Groth: „Seither haben wir eine neue Obrigkeit, und die unterscheidet sich, was ihre Altvorderen aus dem siebzehnten Jahrhundert betrifft, nicht von der neuen Untrigkeit" (45). In den ästhetisch erfaßten Wechselbezügen schafft Kant ein Korrelat zu seinem Anliegen, der Auseinandersetzung des Protagonisten mit Pflicht und Neigung, zwischen Sehnen nach Stillstand und dem Wissen um die Notwendigkeit der Veränderung.

Im Endkapitel löst sich der Konflikt zwischen Verharrenwollen und Weitermüssen in der Entscheidung zum gesellschaftlichen Auftrag. David Groth hat den Widerspruch erkannt „zwischen Schein und Sein, zwischen Abbild und Wesen, zwischen Absicht und Ergebnis ... kam hinter die Allgegenwart dieser ineinander verspannten Gegensätze und war deshalb ständig bereit, hinter dem eben Erfahrenen weitere Erfahrung zu erwarten" (196). Die Gestaltung des letzten Kapitels stellt ein Resümee der im ersten Kapitel aufgeworfenen und im Laufe des Romans entwickelten Auseinandersetzung dar. Es ist eine Zusammenfassung in Form von Frage und Antwort, dialektisch angelegt. In vierzehn Abschnitten, entsprechend den vierzehn Kapiteln des Romans, faßt Kant die Bildungsmomente und Erfahrungen noch einmal zusammen. Jede dieser Stationen betrifft eine Lehrsituation mit einer positiven oder negativen Kontrastfigur. Alle enthalten ein wesentliches Erlebnis aus David Groths Leben und seine daraus gezogene Schlußfolgerung. Auf dem Hintergrund der mittlerweile gesammelten Einsichten und erneut drohenden Kriegstödlichkeit erhebt Groth die existentielle Frage nach der eigenen Daseinsbedeutung: „Für was bist du gekommen, wenn dies geschehen kann, und wenn es nicht geschieht, für was wirst du bleiben?" (524). Die Antwort, die er sich gibt, entspricht dem positiven Humanitätsbezug, der in diesem Werk ständig herausgestellt ist. Es ist der Glaube an die letztlich konstruktive Vorwärtsbewegung der Menschheit, trotz aller Widersprüche dieses „zusammengesetzten Wir". „Dieses Wir besteht aus Klugheit und Dummheit, Wachheit und Schläfrigkeit, Fleiß und Faulheit, Gesundheit und Krankheit, Reichtum und Armut, Schärfe und Stumpfe, Jugend und Alter, Kraft und Schwäche, Erfolg und Niederlage,

Überfluß und Mangel, besteht aus Kämpfen und Opfern, aus Spähern und Flüchtigen, aus Fechtern und Schlägern, aus Forschern und Gläubigen, aus Helfern und Häftlingen, aus Lotsen und Schmarotzern, besteht aus drei Milliarden Teilen, und jeder von uns ist der dreimilliardste Teil dieses Wir" (525). Angesichts dieser überwältigenden Antagonismen bleibt der Protagonist zuversichtlich; sein Bekenntnis zum dialektischen Fortschritt der Menschheitsgeschichte ist unerschütterlich: „Aber ich wurde auch ruhig, weil ich eine ungeheure Stärke sah, denn was sollte stärker sein als zusammengesetzte Erfahrung? Hier, dachte ich und meine ich, steckt die Möglichkeit, auch deine Möglichkeit, steckt eine Aufgabe, auch deine Aufgabe; für das sind wir bis hier gekommen, dafür bist auch du mit da" (528). Lernen können, geistige Erarbeitung, ständige Neusicht, dialektische Dynamik sind die Garanten seiner Zukunft.

Erik Neutsch: „Auf der Suche nach Gatt"

Erik Neutsch, der unter den führenden DDR-Schriftstellern wohl den engsten Bezug zur Arbeiterwelt bewahrt und ihre vitale Atmosphäre glaubwürdig einzufangen vermag, entwickelte 1964 in *Spur der Steine* mit viel Erfolg den Gesinnungswechsel zweier individualistischer, aneinander wachsender Gestalten im Konflikt mit der Parteidisziplin. In der Gestalt des Maurers Balla vollzieht sich eine Wandlung vom exzentrischen Arbeiter um der Arbeit willen zu einem Mitgestalter am Plan, zu einem Arbeiter um des sozialistischen Fortschritts willen. Der Parteisekretär Werner Horrath verletzt andrerseits in der Rolle des Besserwissers durch selbständige Planänderungen überholte Parteidirektiven und damit im Alleingang die Parteihierarchie. Wenn er sich schließlich der Kritik und Bestrafung unterzieht, indem er der Partei ein vergangenes, außereheliches und damit untersagtes Liebesverhältnis gesteht, so geschieht dies nicht aus Einsicht in die Richtigkeit der Parteibeschlüsse, sondern als existentielles, kommunistisches Bekenntnis, aus der Erkenntnis einer selbst der Partei übergeordneten, ideologisch ethischen Verantwortung.

Auch in Neutschs 1973 erschienenem Roman *Auf der Suche nach Gatt* [120] sind anarchistische Tendenzen im Protagonisten wieder aufgegriffen. Im Gegensatz zu dem etwas strengen Charakter der früheren Gestalten in

[120] Erik Neutsch, *Auf der Suche nach Gatt* (kürbiskern, Damnitz Verlag, München 1974) Seitenzahlen im Text beziehen sich auf diese Ausgabe. (Copyright: Mitteldeutscher Verlag, Halle/Saale 1973.)

der Unbedingtheit ihrer Auseinandersetzung mit sich selbst und ihrer Umwelt, geschieht hier nun die Hinführung zur Einsicht in die größeren Zusammenhänge aus einem stärkeren zwischenmenschlichen Bemühen. Verfehlte menschliche Beziehungen und fälschlich eingenommene Positionen bleiben nicht unverrückbar, sondern werden von ihren Vertretern jeweils noch einmal durchdacht und neu formuliert. Verbindungen reißen nicht einfach ab, es werden bewußt Anknüpfungspunkte zur weiteren fruchtbaren Auseinandersetzung hergestellt. Auch über die Gestaltung der menschlichen Beziehungen hinaus zeigt sich im *Gatt*, im Vergleich zur *Spur der Steine*, eine erstaunlich große Weiterentwicklung der literarischen Fähigkeiten des begabten Autors, wie überhaupt eine literarische Differenzierung in den meisten DDR-Romanen der siebziger Jahre gegenüber denen aus den frühen Sechzigern festzustellen ist. Konfliktsituationen, individuelles Verhalten, soziale Bezüge, ökonomische Vorgänge und politische Entscheidungen sind tiefgreifender und verzahnter geworden. Daneben sind auch die Darstellungsmöglichkeiten in den jüngeren Werken vielfältiger, komplexer, poetisch verdichteter. So ist die Suche nach Gatt nicht bloß Suche nach einem besonderen Menschen oder die Aufdeckung der Konflikte zwischen Individuum und Gesellschaft; sie bedeutet vielmehr, dem dialektischen Verhältnis dieses Konflikts nachzuspüren und die Wechselbeziehung in entsprechenden Strukturen darzustellen.

Neutsch folgt im *Gatt* mit der Suche nach einer Antwort auf „die uralte menschliche Frage nach dem Verhältnis des Teils zum Ganzen" (18) in gewissem Grade der Literaturtradition des Bildungsromans, allerdings mit der bedeutenden Variante, daß der gesellschaftliche Adaptionsprozeß hier kein determiniertes Funktionieren als Endresultat vorsieht, sondern immer neuer Prozeß zu sein hat, also einen sich ständig weiterentwickelnden Vorgang voraussetzt. Das Individuum durchläuft nun nicht mehr den selbstgewählten Irrweg, bis es sich schließlich einordnet in die gültige Norm, es begibt sich statt dessen auf eine nie endende Suche nach der sich ständig verändernden Fortentwicklung. Insofern vermag für Neutsch eine befreite Gesellschaft dem einzelnen nur zu geben, was der einzelne in Freiheit der Gesellschaft zu geben bereit ist (18). Daß diese schwierige Forderung nicht ohne weiteres zu erfüllen ist, zeigt der Schriftsteller auf am harten Ringen des Protagonisten und sämtlicher Nebengestalten, die sich den immer neuen Bedingungen des historischen Fortlaufs wiederholt aussetzen und den steigenden Ansprüchen auch immer wieder mit neuen Anforderungen an sich selbst zu entsprechen haben. Das macht die Schwächen, aber zugleich auch die menschliche Stärke dieser Figuren aus. Gatt wird dabei portraitiert als einer jener energischen, aber auch fanatischen „Durchreißertypen" der fünfziger Jahre, der Umwälzung im Aufbau des sozialistischen Teils Deutschlands, die sich in dieser erbitterten Zeit des kalten Krieges im ideologischen Klassenkampf einsetzten. Nachdem aber die Phase der aggressiven Auseinandersetzung längst überwunden war, verbleibt Gatt unter den neuen Verhältnissen in dogmatischer Erstarrung und droht als Atavismus im Geschichtsprozeß der sozialistischen Entwicklung zurückzubleiben.

Es geht Neutsch um das Prinzip der ständigen Erneuerung des Menschen, dessen innere Bewegung mit der übergeordneten gesellschaftlichen Bewegung zumindest Schritt zu halten hat, wenn er diese nicht sogar selbst auslösen muß. Diese Grundeinstellung des Romans hat Neutsch in einem Interview als seine persönliche Weltanschauung hervorgehoben: „Ich habe Literatur stets als Entdeckung von neuer Wirklichkeit aufgefaßt", heißt es da. „Und so wie ich das auch persönlich versuche, mich immer wieder dem fortschreitenden Leben zu stellen, so auch in meiner künstlerischen Arbeit. In Bewegung bleiben. Ich verachte nichts mehr als Stagnation. Gesellschaftlich, persönlich, aber auch künstlerisch. Ich denke, ich befinde mich damit in schöner Übereinstimmung mit den Charakterzügen der Klasse, der ich entstamme, die sich hierzulande sozial und politisch befreit hat und die täglich neu immer auch wieder neue Schöpfkraft freisetzt [121]." Veränderungsbewußtsein sieht Neutsch als verpflichtende Triebkraft dazu, der weltgeschichtlichen Entwicklung auf der Spur zu bleiben „und ihr formend vielleicht sogar vorauseilen zu können" [122].

Es ist dem Menschen aber mehr der Wille als das Vermögen beschieden, der Entwicklung gewärtig, geschweige denn voraus zu sein. Die literarische Abbildung beschränkt sich deshalb auch bei Neutsch auf Individuen, die den Lauf der Dinge falsch bewerten, doch dann ihre Irrwege durch schmerzhafte Selbstkorrekturen zu neuen Ausgangspunkten zu führen imstande sind. Das künstlerische Verfahren verfolgt somit nicht lineare Entwicklungsstrukturen unrealistischer Reibungslosigkeit, sondern dialektische Prozesse; Neutsch läßt die vereinzelte Position mit den gesamtgesellschaftlichen Notwendigkeiten in Konflikt geraten. Der Roman

---

[121] „Ich verachte die Stagnation", UZ-Interview mit Erik Neutsch, *Unsere Zeitung*, 9. März, 1973. Siehe auch Dietrich Sommer, „Interview mit Erik Neutsch" in *Weimarer Beiträge* 9, 1973, S. 99—107.
[122] *ibid.*

gliedert sich dementsprechend in eine Kette von Krisenreflexen, deren jeweilige Überwindung den Veränderungswillen und die Einsicht zur progressiven Mitwirkung am gesellschaftlichen Plan verkörpert. Die Darstellung Gatts ist infolgedessen nicht bloße Wiedergabe eines hautnah gezeichneten Individuums, sie ist vielmehr darüber hinaus die symbolische Repräsentation eines Menschen, der über seine Einzigartigkeit hinausweist auf einen komplizierten Bildungsauftrag im Streben nach Menschlichkeit. Bei Gatt geht es um eine Gestalt, die in ihrem Leben immer wieder Stationen erreicht, wo sie ihr Verhältnis zur Gesellschaft neu formulieren muß. Gleichzeitig richtet sich aber an die Gesellschaft und ihren Fortschritt die Frage, inwieweit diese bereit ist, einem Menschen wie Gatt und damit, ganz allgemein, dem Menschen auf der Suche nach sich selbst beizustehen. Neutsch selber äußert sich in einem Interview über dieses dialektische Verhältnis folgendermaßen: „Ich habe mich im Zusammenhang mit diesem Buch im Ruhrgebiet umgesehen: Was passiert denn nun dort unter der Einwirkung der wissenschaftlich-technischen Revolution, die ja auch auf Westdeutschland zugekommen ist, mit Menschen, die an Punkte kommen, wo sie nicht weiterkönnen? Wenn einer über Vierzig ist, und er wird von einer Zeche entlassen, hat er, in den meisten Fällen jedenfalls, enorme Schwierigkeiten, wieder Boden unter die Füße zu bekommen, einfach seine Existenzgrundlage zu erhalten. Um ähnliche Fragen geht es auch in Gatt; er ist ein ehemaliger Bergmann, unter neuen Machtverhältnissen in Machtpositionen gekommen. Wenn es mit ihm so wie bisher nicht weitergeht, was kann unsere Gesellschaft leisten? Ich zeige die Reife der Verhältnisse: bei uns geht dieser Gatt nicht verloren. Allerdings auch unter dem Vorsatz: der Mensch soll selbst etwas einbringen, um der Gesellschaft die Lösung ein wenig leichter zu machen, die Lösung um das Schicksal jedes einzelnen [123]."

Im Roman selbst stellt Neutsch zwei Gefahren heraus, die die Veränderungsdynamik und damit das Konzept der Progressivität bedrohen. Die eine Gefahr liegt beim Individuum. Gatt vertritt diesen besonders gefährdeten Typ insofern, als er einem darwinistischen Fatalismus zu verfallen scheint. Belastet mit tiefem Lebensekel, wird er verglichen mit einem Stück Holz, das, hineingeworfen in den Weltfluß, schwer und vollgesaugt in dessen Morast versinkt. Gatt sieht sich selbst nicht als einer jener „Passendsten", die zu schwimmen vermögen. Er empfindet sich als über-

---

[123] Erik Neutsch: „Der Wirklichkeit auf die Schliche kommen", aus einem Gespräch mit Oskar Neumann in *Deutsche Volkszeitung*, 28. Feb., 1974.

ständig, die Geschichte schien längst über ihn hinweggeschritten. Den Gegenstandpunkt, daß die darwinsche These durchaus auf Fauna und Flora zutreffen möge, nicht aber als Ausflucht für die Verantwortung des einzelnen im menschlichen Zusammenleben herangezogen werden dürfe, vertritt im laufenden Kommentar der Erzähler. Für ihn führen aus dem Dilemma menschlicher Verzweiflung und Minderwertigkeitsgefühle vor allem: Geduld und Güte (109), auch dem Selbst gegenüber.

Die zweite Gefahr, die im *Gatt* den Fortschritt der Geschichte zu hemmen droht, ist gesellschaftlich bedingt. Sie besteht nämlich dann, wenn die übergeordnete Einstellung auf einem radikalen, zentralistisch diktierten Dogmatismus beruht, also keiner gegensätzlichen Meinung ausgesetzt ist. Die Auswirkungen derart geregelter Denkschemata führen notwendigerweise zu einer reaktionären Gesellschaft, die sich bestimmt durch „eisenharte Paragraphen und ein höheres Wesen. Wie die französischen Jakobiner. Unsere Vorfahren aber sind Marx und Engels" (193). Ihr Erbe erfordert ständiges Überprüfen der Standpunkte, unter den Gesichtspunkten von Geduld, Güte und als dritter Lösungskomponente im Konflikt, der Vernunft, denn „wir wollen Vernünftige erziehen, keine Gläubigen" (193), meint Gatt.

Unkritischem Übernehmen vorgeprägter Haltungen und der Unentschlossenheit im Handeln des einzelnen entgegenzuwirken, Stagnation aufzuzeigen und zu bekämpfen, ist Neutsch zentrales Anliegen. Immer wieder läßt er diese Einstellung vertreten und betont ihre Dringlichkeit in der Wiederholung: „Der Mensch ist kein Mensch, wenn er aufgibt zu kämpfen" (14); „denn wenn Du versinkst im Nichtstun ... darauf steht der Tod" (17); „Was aber hätte das Leben des Menschen für einen Sinn, wenn es sich nicht in Bewegung befände" (19); „Meine geistige Heimat war das Aufbegehren, ich wollte verändern" (40); „Wichtig allein war, daß ich in Bewegung blieb. Die seelische Ruhe, verstehst du, die Sattheit der Gefühle verabscheute ich am meisten. Ich hielt sie für ein sicheres Zeichen des Alterns" (41); „Ändern, ja, immerfort ändern, und die Menschen zuerst, und die Menschen zuerst durch sich selber" (193). Die Häufung der Referenzen im Roman spricht nachdrücklich für die Zentralidee des Autors. Doch auch diese Vorstellung ist qualifiziert: er will nicht Bewegung um der Bewegung willen, das müßte verschwendete Energie bedeuten. So warnt er vor allem vor anarchistischen Alleingängen, die kollektives Bemühen um einen Gesamtüberblick mißachten, denn „Das Fahren allein macht's nicht, wenn man nicht auch weiß, wohin man fährt und wofür" (97). Das Wozu und Wofür im unendlichen Prozeß ist der Fortschritt als ethische Verpflichtung: „Die Revolution geht weiter, die Veränderung, das tägliche Bessermachen unserer Welt ... Auch die Selbstveränderung geht weiter, das Bessermachen unserer Selbst" (290).

Welche Gestaltungsprinzipien verwendet nun Erik Neutsch, um die Intention der dialektischen Dynamik vorzustellen und in der Darstellung selbst durchzuführen? Für ihn bedeutet Literaturschöpfung vor allem ein Mittel zur Erkenntnis der Welt, sie ist aber gleichzeitig Kunst, die dem pragmatischen Zweck mit Phantasie, Virtuosität und Formbewußtsein gerecht zu werden sucht. Als besonders geeignete Schaffensmethode sieht der Autor den in den letzten Jahren liberalisierten Sozialistischen Realismus, der „alles an Produktivität, an Fortschritt, an Spiel, an Handschrift in sich vereinen kann" [124], wo sich also Form und Inhalt wieder weitgehend zu entsprechen suchen. Der Sozialistische Realismus garantiert ihm somit zugleich eine Darstellung von Wirklichkeit, die in ihrer Vielfalt sich weder dogmatisch verengt, noch im Übergewicht experimenteller Neuerungen ephemer sich verflüchtigt. Seit dem 1964 erschienenen Roman *Spur der Steine* hat sich Neutsch offensichtlich mit dem Problem der Form auseinandergesetzt und ein feineres Formgefühl entwickelt. Im Roman *Auf der Suche nach Gatt* verbindet er nun den tradierten Wesenszug einer Entsprechung von Inhalt und Form der Literatur mit den Grundsätzen des Sozialistischen Realismus. Sein gesellschaftspolitisches Sujet ist reflektiert in korrespondierenden Formgefügen, insofern der aus dialektischem Widerspruch sich ergebenden Höherentwicklung eine dialektische Darstellungsstruktur entgegenkommt.

Im Vordergrund des Romans steht eine künstlerisch subtil durchgearbeitete Erzählerrolle. Ihre Funktionsstruktur verkörpert die Forderung nach ständiger Veränderung, als dialektische Weiterbewegung eines eingenommenen Standpunkts. Neutsch verwendet dabei nicht den auktorialen, allwissenden Erzähler, sondern einen gewissenhaften Berichterstatter, der mehr und mehr in seiner sich selbst gestellten Aufgabe verunsichert wird und sich letztlich beinahe seiner Rolle enthoben findet. Der Erzähler wird vom Autor, wie alle anderen Figuren der Handlung, in einen widersprüchlichen Auseinandersetzungsprozeß involviert und damit, genau wie sie, einer einschneidenden Entwicklung und Veränderung unterworfen. Denn seine Vorsätze und Voreingenommenheiten werden vom

[124] *ibid.*

Leben widerlegt, seine Lenkungsintention wird von der selbstgefällten Entscheidung der Personen zunichte gemacht. Kritik und Zweifel an anderen führen zu Selbstkritik und Selbstkorrektur.

Das Manuskript des Erzählers hatte über die Jahre hin aus losen Blättern, als ein halbfertiges Produkt bestanden. Er hatte bereits aufgegeben, sich noch weiter damit zu befassen. Es fehlte ihm der Mut, über Gatt zu urteilen, ein entscheidendes Wort über seinen Protagonisten auszusprechen. Die Erfahrungen mit Gatt ließen ihn allzusehr schwanken zwischen Zorn und Mitleid, zwischen Abscheu und Achtung, um zu einem klaren Standpunkt vordringen zu können. Die Ratlosigkeit führt der Erzähler darauf zurück, daß er seine Hauptgestalt zu naturalistisch widergespiegelt habe und sich von den Fakten in der Darlegung kritiklos anziehen und abstoßen ließ, nur als registrierendes Abbild ohne Entgegnung. Worte auf leeres Papier zu stellen verpflichtet ihn zur Wahrheitssuche. Mit dieser Erkenntnis weckt Neutsch im Erzähler den ersten Gegenimpuls zur eigenen Position, die übrigens in ihrer fatalistischen Stagnation Gatts Lebenshaltung ähnelt. Der Erzähler trifft die Entscheidung, daß Gatt von nun an im Manuskript zu schweigen habe, denn ihn weiterhin unkontrolliert erzählen und urteilen zu lassen, würde weder den Tatsachen gerecht, noch Verständnis für ihn erwecken. Neutsch verschiebt den Fokus von Gatt auf dessen Mentor, Jeremias Weißbecher; mit ihm will der Erzähler der bisher autobiographischen Dokumentation eine neue Perspektive verleihen. Er faßt schließlich mit Weißbechers Unterstüzung den Entschluß, Gatt zu suchen, und zwar nicht nur, um dessen weiteres Schicksal kennenzulernen, sondern vor allem, um darin einzugreifen und Gatt produktiv zu machen.

Neutsch stellt den Entschluß für den Erzähler vor allem unter das Motto: Die Hoffnung steuern. Das Konzept der gelenkten Hoffnung beinhaltet, daß nach menschlichem Willen alles zu messen sei, „sogar der Mensch, seine Arbeit und seine Lust, das einmalige, für jeden von uns unwiederholbare Leben" (6). Die Steuerungsintention, hier fälschlich hilfreich gemeint, ist stalinistisch im Konzept und parallelisiert die stalinistische Phase, die auch Gatt in seiner Entwicklung überwinden muß. Durch die prinzipientreue Mechanistik dieser Absicht führt Neutsch den Erzähler zwar aus einer sterilen Position heraus, um ihn dann aber lediglich in eine falsche Gegenposition gleiten zu lassen, aus der er dann den Fehler begeht, den individuellen Willen des Menschen zu unterschätzen. Durch Gespräche mit Weißbecher fällt es dem Erzähler allmählich leichter, zu Urteilen zu gelangen, jedoch bezieht sich seine Wertung nicht auf Gatt, sie betrifft Weißbecher. Durch Vorwürfe, daß dieser sich der Unterlassungssünde schuldig gemacht habe, indem er gegenüber Gatt die Bequemlichkeit als den leichtesten Ausweg wählte, beleuchtet Neutsch auch diese Gestalt aus kritischer Sicht und schafft ihr die Möglichkeit der dynamischen Entwicklung. Gleichzeitig öffnet er dem Erzähler den Weg zur Synthese in bezug auf die Suche nach Gatt, nämlich in der Erkenntnis, daß er sich selbst zuerst einmal ausloten muß: „Wir selber müssen uns kennenlernen, bevor wir Gatt wiedersehen" (192). Ganz unabhängig von diesem Vorsatz, anscheinend gänzlich unmotiviert, tritt darauf für den Erzähler die Wendung zur Selbstkritik ein.

Neutsch zerstört die selbstsicheren Vorsätze des Erzählers durch einen völlig unerwarteten Umschlag. Mit der Gestalt Ruths, Gatts großer Liebe als irrationales Moment, durchbricht Neutsch die Lenkungsabsicht. Als Bote des Zufalls verkehrt sie das zielgerichtete Vorhaben und vernichtet den frevelhaften Glauben, daß alles Menschliche steuerbar sei. Seinem Unmut über diesen Einbruch des Regellosen gibt der Erzähler in den folgenden Worten Ausdruck: „Ich bin ahnungslos auf den Berg gestiegen, habe zum ersten Mal in dieser Geschichte etwas ohne Vorbedacht getan, rein aus Langeweile, und schon packte mich der Zufall ... Ich verachte den Zufall. Und wenn er schon nicht zu vermeiden ist, dann soll er mir bitte nicht in mein Handwerk pfuschen, und zwar so gründlich, daß nun die Helden auf den Autor zukommen, statt wie bisher der Autor auf seine Helden. Wo kämen wir hin, wenn jeder hier machen kann, was er will. Ich bin der Herr, und ohne mich ist das Chaos ..." (227). Neutsch hatte den Erzähler bisher Ruth ausweichen lassen, und nun schien sie selbst auf ihn zugekommen und verspottet seine Steuerungsvorstellungen in der Suche nach Gatt: „Ach, Sie Ritter vom Gral ... kommt Ihnen denn nicht der Gedanke, daß das Leben Sie vielleicht überholt haben könnte?" (229).

Das Stadium der Selbstkritik ist erreicht, die Verpflichtung zur Selbstkorrektur erkannt. Das Leben hat die Funktion des Erzählers beinahe zur Karikatur verzerrt, da es sich stärker erweist als alle Planung: „Denn die Seele des Menschen ist keine Maschine, ich bin nicht ihr Ingenieur" (94), und „trotz aller gesteuerten Hoffnung erkenne ich nun, findet der Mensch sein Maß nur in sich selber." (215). Mit dieser Feststellung, deren Wortlaut schon allein eine deutliche Absage an den Stalinismus beinhaltet, verbindet Neutsch jedoch nicht die völlige Selbstaufhebung des Erzählers und damit eine Negation des Schriftstellers überhaupt. Es bleibt genügend positiver Extrakt überholter Positionen, um daraus ein neues Existenzverständnis aufzubauen. Klar profiliert ist die Überzeugung, daß der Weg des

Menschen zum Menschen niemals umsonst ist (229), daß Suche und Hilfe, nicht aber pures Diktat gerechtfertigte Ambitionen darstellen. Es bleibt auch die Ansicht des Erzählers, daß das Künstlerdasein, trotz aller Verfehlungen, nicht überflüssig ist, denn „Kunst ist nützlich. Auch wenn die Antwort darauf noch offenbleibt: was hätte ich ausrichten wollen, wenn mir das Leben nicht schon zuvorgekommen wäre?" (286).

Es beginnt sich auf dieser Stufe der Erkenntnis eine Veränderung in der Erzählerhaltung abzuzeichnen. Neutsch ersetzt nun das dokumentarische Interesse an der Person Gatts mit schöpferischer Phantasie; denn als Berichterstatter und durch die Absicht der Steuerung hatte der Erzähler sich an eine vermeintliche Realität der Erscheinungen gebunden, die vom eigentlichen Leben längst berichtigt worden waren. Mit der Lösung aus dieser Abhängigkeit ist die künstlerische Vorstellung offen gegenüber dem wahren Leben. Der reine Abbildcharakter ist damit überwunden zugunsten eines spekulativen Entwurfs über Gatts Veränderung. Gatt wird damit für den Erzähler von einer wirklichen zur fiktiven Gestalt. Leiht Neutsch dem Erzähler nun noch einmal Gatts Stimme, so geschieht dies jetzt, um ihn aus der Vorstellungswelt des Künstlers projizieren zu lassen. Auf die Wichtigkeit der Unterscheidung von Abbild und künstlerischer Umsetzung verweist der gleichzeitige Umschlag in der Darstellung zur positiven Wandlung. In der künstlerischen Gestaltung des Erzählers zeichnet Neutsch Gatt mit neugewonnenem Vertrauen zu sich selbst und mit der Einsicht in den historischen Verlauf der Dinge. Er verändert dazu das Bild der Stadt, modifiziert die Figuren Ruth, Gabriel und Hartung und schafft eine neue Mentorfigur, die bezeichnenderweise Gabriel und Hartung ähnelt als Komponenten der Niederlage, die nun von Gatt überwunden werden. Mit dem Entschluß zum Standpunktswechsel befreit also das künstlerische Talent nicht allein sich selbst, es erweckt auch seine ganze Umwelt: „Vergangenheit ändern heißt Zukunft machen" (241).

Die Veränderungsdynamik in der dialektischen Gestaltung nicht nur der Erzählerrolle, sondern aller Gestalten im Roman, ist umgeben von einem vielgefächerten, um Bilder des Lichts oder Bilder der Dunkelheit zentrierten Metaphernkomplex. Die Antithetik dieser Metaphorik symbolisiert das Spannungsverhältnis von Stagnation und Progression, uralte Bildlichkeit für uralte Dualität, immer wieder neugestaltet für neue Zeitbedingungen. Der Verbindungspunkt der Gegensätzlichkeit ist die ständige Suche nach ihrer Beziehung, der Mensch im ewigen Aufbruch aus der irdischen Dunkelheit nach dem kosmischen Licht.

Gleich im Anfangskapitel prägt der Autor die Symbolik der Erwartung in vielen Abwandlungen stark vor. Die Eingangssituation spielt sich ab in der Nacht, die Jahreszeit wird mit undurchdringlichen Nebeln charakterisiert, die Erde liegt unfruchtbar unter Schnee.

Im Bild brachliegender Natur reflektiert sich der Zustand des Erzählers und aller anderen Personen, die in der Folge im Buch erscheinen: stagnierend durch eine im Falschen verharrende Ignoranz. Aber Winter ist auch eine Zeit der Regeneration, auf die Neuwerdung folgen wird; in ihr dann wird der Mensch zum ewig ruhelosen Wanderer. Mit dem Aufbruch des Erzählers zur Suche nach Gatt setzt Neutsch Vergleiche, die offensichtlich auf diesen Neuansatz verweisen: hielten bis dahin die Züge auf offener Strecke irgendwo im Nebel, irgendwo in der Dunkelheit und kamen nur mühsam voran (8), so heißt es nach der lösenden Erkenntnis der ewigen Wanderschaft: „Die Nebel begannen sich zu lichten, manchmal stahl sich schon ein matter Sonnenschein in das kahle Gezweig der Linden, wurden nachts die Leuchtfeuer der Werke am Himmel sichtbar. Die Züge fuhren pünktlicher ..." (12). Neutsch beschreibt in diesem Eingangskapitel auch bereits Gatts Dilemma, das den Bahnhof und sein Leben in der Kreisstadt M. zu einem schwarzen, negativen Punkt anstatt zu einem roten, positiven, werden läßt. Er wird hier als Mann hinter einem Gitter beschrieben, der in seinem ewigen Warten an der Sperre wie gefangen scheint und damit das Sinnbild des Bahnhofs als positiven Ausgangspunkt zur Endstation verkehrt. Das Gitter wird durch den ganzen Roman hindurch leitmotivisch mit Gatt verbunden, indem er Türen in Verbitterung zuschlägt, bei ihnen verharrt, oder sie letztlich in Abwandlung von Kafkas Parabel „Vor dem Gesetz" mutig entschlossen durchschreitet. Auch die winterschläfrige, verschneite Natur wird später noch einmal charakteristisch für einen Zustand Gatts, wenn er den tiefsten Stand seines Lebens in einer an Thomas Mann erinnernden, zauberbergähnlichen Schneewüste eines Sanatoriums mit Warten und Nichtstun verbringt.

Neben der metaphorischen Motivierung von Personen legt Neutsch im Eingangskapitel darüber hinaus den Grundstein für einen Dingkomplex, nämlich der Bedeutung der schwarzen und der roten Stadt. Die Kreisstadt M., von der Gatt glaubt, sie stelle seinen schwarzen, verhängnisvollen Punkt dar, wird, im Gegensatz zu Gatts Verfassung, vielmehr als eine Stadt im Aufbruch geschildert. Mansfeld andrerseits, Gatts zunächst für rot gehaltener, regressiver Zufluchtspunkt, ist eine Stadt, die erst von ihrer nötigen Umgestaltung überzeugt werden muß, genau wie Gatt. Neben den

Menschen unterzieht Neutsch auch die Stadt einer Veränderung, allerdings mit dem bedeutsamen Unterschied, daß ihre progressive Entwicklung einer von elektronischen Gehirnen durchprogrammierter Lenkung unterliegen muß im Gegensatz zum Auftrag der Selbstwerdung durch Selbstentscheidung des Menschen. Beide Städte, M. und Mansfeld, werden von veralteten Stadtkernen oder veralteten Industrien befreit, die eine „kehrte ihr Unterstes zuoberst" (7), die andere sieht eine Umgestaltung ihrer Bergwerksschächte. Überständiges, Anachronistisches, Berginneres, falsche Romantik werden ersetzt durch betriebsam rauchende Schlote, Feuer der Walzwerke, Destillationskolonnen und Chemiefärbung. Der aufragende Horizont der Industriewerke wirkt wie ein riesiges Gatter, wie eine moderne Umzäunung, die „nur eine Lücke zum Fluß freiließ, dort, wo die Sümpfe und die dunklen Gehölze begannen" (7). Die moderne Technologie hat das Veraltete bis auf eine Stelle umgewandelt, die von Neutsch als elementare Rückständigkeit geschildert ist. Die Erneuerung der Stadt ist umwälzend, aber noch nicht vollständig durchgeführt. Bildhaft ist ihre neue Gestalt hufeisenförmig, nicht geschlossen im Kreis. Die polare Struktur der Dialektik bleibt dadurch erhalten im Werdenden; Perfektion in der Kreisform müßte den Verlust des schöpferischen Spannungsfelds bedeuten.

Wie Neutsch die Bedeutungskraft der Dunkelheitsmetapher in ihrer ganzen Regression und Stagnation bereits im einführenden Kapitel vorzeichnet, so wird das positive Sinnbild des Lichts hier gleichfalls eingeführt. Er stellt sowohl die Frage nach dem Menschen wie auch die Antwort in den doppelten Bereich von Hell und Dunkel: „Was ist der Mensch? . . . Licht und Schatten. Lichtschatten" (6). Unübersehbar in der ungewohnten Wortzusammensetzung ist die Vorordnung von „Licht". Überhaupt wird die Lichtmetapher nur wenig gebrochen und abgewandelt im Vergleich zu der des Dunkels; sie bleibt reiner selbst im Rot des an den Tod erinnernden Rotdorns, im Rot des sozialistischen Symbols gegenüber dem Schwarz als Symbolfarbe des Kapitalismus, in der roten Stadt, den roten Industriefeuern. Außer im Rot erscheint die Lichtmetapher im Roman losgelöst von erdgebundenen Verkörperungen, als Bilder des Sonnenlichts, des Himmels und der Sterne. Neutsch schafft so eine kosmologische Unendlichkeit, die nicht Metaphysisches beinhaltet, sondern auf rein zeitliches und räumliches Ausdehnungsvermögen im Prozeß der menschlichen Höherentwicklung sich bezieht; „. . . die Sterne. Unendlichkeit. Nirgends ist die Welt zu Ende. Die Astronomen sagen, daß auch das Leben auf unserem Planeten nichts Außergewöhnliches sei. Irgendwo existiert die Vernunft noch einmal.

Sie liegt nur noch außerhalb der Reichweite unserer Teleskope, außerhalb unseres heutigen Wissens" (6).

Nicht allein in Vernunft und Wissen sieht Neutsch die Fortentwick- des Menschen in noch unbekannte Weiten begründet, auch die Liebe ist für ihn Katalysator zur Weiterbildung. Im Roman integriert er Liebesidee und Lichtsymbolik poetisch mit der Dantepassage. Mitten in Gatts Erzählung, in die Reihe der geschichtlichen Bilder der Mansfelder Tausendjahrfeier, die übrigens alle vorrevolutionären Charakter tragen, wird plötzlich Dante als Sprecher eingeblendet: „Ich kehrte wieder von dem heiligen Bronnen, / Verjüngt, wies's junge Pflanzen sind im Kerne, / Die, sich erneuernd, neues Laub gewonnen, / Bereit und rein, zu steigen in die Sterne" (289). In der Entwicklung Gatts stellt diese Szene eine erste Überhöhung seiner Person dar. Seine Wiederbegegnung mit Ruth bedeutet für ihn eine ähnliche Re- generations- und Entwicklungsmöglichkeit wie das Mateldaerlebnis bei Dante. Neutsch führt ihn in eine neue Dimension wie sich zeigt in der Ent- wicklung des Vergleichs mit Hephäst: fragte Maisgut, ob Gatt das Sonnen- licht scheue und ewig im Dunkeln steckenbleiben wolle, so erkennt Ruth schließlich begeistert: „Da kam einer tief aus dem Berg und griff nach dem Licht" (272).

Neben der Metaphorik von Hell und Dunkel und den verschiedensten, mit der Gestalt des Protagonisten verbundenen Spannungsfeldern hat Neutsch den dialektischen Doppelcharakter selbst in den Namen der Titel- gestalt hineingelegt. In der Abwandlung des Wortes „Gatt" zu „Gatter" läßt der Autor das vielfach variierte Motiv der Tür einfließen, jener offenen und geschlossenen Gitter und Eisenzäune, jener Tore mit Lanzen- spitzen wie gepanzerte Scheidewände zwischen Himmel und Erde, jener zu- geschlagenen und dann wieder mutig geöffneten Türen. Es überrascht nicht, wenn Neutsch dann im Endabschnitt des Buchs den mythischen Bezug zum Gott der Tür herstellt, den er namentlich nennt in der Überschrift des Kapitels. Er heißt dann: „Gatt steht in der Tür. Eingang und Ausgang. An- fang und Ende und was sonst noch die Kulturgeschichte über die Tür zu berichten weiß. Nur das eine: zwischen Tür und Angel, das würde nicht zutreffen" (292). Gatt ist aus der Rolle des stagnierenden Türhüters erlöst und in die des ewigen Wanderers versetzt, im ewigen Durchgang von Wende zu Wende, Repräsentant des Prinzips der Veränderung. Über die Bedeutung der Tür hinaus läßt sich Parallelität aber auch im Gleichklang von „Gatt" und „Gott" erkennen. Trotz verharmlosender Beteuerungen

Neutschs, daß es sich hierbei lediglich um lustige Druckfehler handle [125], erscheint es vielleicht doch nicht ganz abwegig, aus dem Roman einen neuartigen Göttlichkeitsvergleich herauszulesen, der allerdings nichts mit metaphysischen Wesensvorstellungen zu tun hat. Neutsch verkoppelt den Janusmythos sehr eng mit Gatt. Der Januskopf wird transponiert zum Gattgesicht, der mythische Gott mit den zwei Gesichtern wird zum Menschen mit den zwei Gesichtern unserer Zeit, der Gott des Rückblicks und der Vorausschau wird zum Menschen mit Vergangenheit und Zukunft. Der Janusmythos, auf Gatt übertragen, erhöht dessen Persönlichkeit zur Symbolgestalt des Sozialisten im Sozialismus. Gatts Geschichte wird von Neutsch gestaltet als moderner Mythos der Dialektik.

Karl-Heinz Jakobs: „Die Interviewer"

Erhöhte literarische Komplexität und der Anspruch auf universale Problemstellung, wie sie in den jüngsten DDR-Romanen in wachsendem Maße zu verfolgen sind, zeichnet auch *Die Interviewer* [126] von Karl-Heinz Jakobs aus. Diesem Roman gegenüber wäre der Vorwurf der Simplifizierung im Sinne einer Schablonisierung der Vorgänge und Auffassungen nach vorgefaßten Richtlinien völlig unangebracht, denn auch hier ist der bloße Abbildcharakter einer optimalen sozialistischen Realität gänzlich überwunden. Jakobs gestaltet vielmehr ein sehr differenziertes, sich weitgehend am Maßstab der Menschlichkeit ausrichtendes sozialistisches Gefüge. Wissenschaftliche Erkenntnis und sozialistische Lebensart sind dialektisch miteinander konfrontiert, woraus für den Protagonisten der grundliegende Konflikt zwischen Effektivität und Menschenfreundlichkeit, zwischen wissenschaftlicher Distanz und menschlichem Ausgesetztsein ersteht. Für den Prozeß dieser Gegenüberstellung, seiner Abwägung und subtilen Auswahl zur Möglichkeit der Synthese, schafft sich der Autor eine komplexe Denkstruktur, weit entfernt von Gradlinigkeit und Einsträngigkeit der Darstellung. Die Durchschaubarkeit der Fabel, gefordert von einer früheren Interpretation der Grundsätze des sozialistischen Realismus, ist aufgehoben zugunsten einer Vielzahl von dezentralisierten erzählerischen

---

[125] UZ-Interview.
[126] Karl Heinz Jakobs, *Die Interviewer* (S. Fischer, Frankfurt 1974). Seitenzahlen im Text richten sich nach dieser Ausgabe. (Copyright: Verlag Neues Leben, Berlin 1973.)

Einzelheiten, mit deren scheinbarer Wirrnis Jakobs seinen Leser in eine ähnlich desorientierte Auswegssuche versetzt wie den Protagonisten Herrmann Radek im Labyrinth seiner Verstrickung. Die vordergründige Handlung verschwindet in der symbolhaften Intention der Vorgänge, sie wird überlagert von einem Prozeß der Introspektion. Jeder Teil der Handlung ist potenziert durch ihn begleitende Reflexionsteile, was zudem die Kontinuität des Zeitablaufs suspendiert; Kohäsion liegt statt dessen in der Rückbezüglichkeit der Erfahrungen. Fortlauf bedeutet im Roman *Die Interviewer* somit nicht zeitlicher Ablauf, sondern Fortschritt im Entwicklungsvermögen des einzelnen.

Die auf Vergleichsbildern aufgebaute Struktur ist literarisches Mittel im Darstellungsprozeß einer Identitätssuche des Individuums und seiner Auseinandersetzung mit den Forderungen der Umwelt. Der Roman portraitiert wieder einen Menschen in einer Krisensituation, in jenen Umschlagsmomenten des Lebens, an denen er entweder scheitert oder sich erneuert. Im sozialistischen Verständnis der Dialektik muß sich aus Konflikt allerdings immer eine Weiterentwicklung ergeben. Jakobs führt seinen Protagonisten bis an äußerste Grenzen der Auflehnung, verkörpert in zunehmend psychopathischem Verhalten. Diesem Entfremdungsprozeß stellt Jakobs eine antithetisch angelegte Welt gegenüber, eine Welt voll Menschlichkeit und Demut, deren Vertreter durch ihr Vorbild die Veränderung des Hauptcharakters bewirken sollen, oder ihm mit ihrer Opposition zur Einsicht verhelfen. Durch aufklärende Geduld und Menschenfreundlichkeit wird die Polarität der beiden Positionen von einem statischen Leerlauf zu einem verbindenden Füreinander. Die Struktur der Gliederung beruht auch in diesem Roman auf dem dialektischen Modell.

Bei aller Vielschichtigkeit im Inhalt bleibt Jakobs Syntax einfach und übersichtlich; seine Sprache ist vordergründig, klar und selbst dann durchschaubar, wenn er Radeks Rhetorik in ihrer überheblichen Affektation und selbstgefälligen Formulierungsästhetik als Mittel zu dessen Entfremdung einsetzt. Sprache ist hier im Roman nicht nur Kommunikationsmedium und nuancenreiches schriftstellerisches Vehikel, sie wirkt gleichzeitig innerhalb des Dargestellten als Ursache und zugleich als Ausdruck verfehlter Andersartigkeit. Besonders in den frühen Kapiteln gilt der Redefluß des Hauptcharakters weder der Mitteilung noch der eigentlichen Selbstaussage, sondern ist vor allem auf Wirkung bedacht, die ihm aber versagt bleiben muß. Jakobs entwickelt diese Unfähigkeit zur Kommunikation gleich in den ersten Szenen des Buchs, als Radek vom Direktor eines Filmteams, das die

Reorganisation der Glühlampenfabrik dokumentieren soll, darum gebeten wird, seinen Beruf, Operationsforscher, im Kreis einiger Werksangehöriger zu erklären. Die Form des Interviews eignet sich vorzüglich zur Selbstdarstellung des Charakters und zum deutlichen Verweis in der Gestik von Sprecher und Zuhörer; Radek gibt Aufschluß über seine Person, wenn auch nicht mit dem gewünschten Erfolg. Denn nicht um Verständnis für seine Aufgabe im Betrieb zu schaffen übernimmt er das Mikrofon, sondern vor allem, um vor den Kameras zu brillieren. Besonders betont ist diese Haltung durch die Gegenüberstellung mit dem Stil einiger vorangegangener Redner, die sich merkwürdig kurz faßten, die sogar das Mikrofon zur Seite schoben, als sei es „unpassendes, geschmackloses Detail" (7). Intellektuelle Arroganz und Anmaßung bestimmen dagegen Radeks Auftritt, der „alles daran setzte zu glänzen, ... keinen schlechten Eindruck zu machen" (17). Je mehr es ihm aber um Eindruck und Wirkung geht, was seine eingeschobenen Begleitgedanken immer wieder bestätigen, desto verschlossener zeichnet Jakobs die Gesichter der Umstehenden, desto mehr verliert sich ihr Interesse; sie wenden sich anderem zu.

Radeks Kontaktlosigkeit mit der Umgebung durch Mangel an Einfühlungsgabe und Überheblichkeit entwickelt Jakobs auch am Beispiel eines anscheinend unbedeutenden Details, an Branners Namen. Der Redner versucht sich während seiner Ausführungen darauf zu besinnen, wie der Maschinenmeister heißt und meint, der Vokal „u" erscheine zweimal im Namen. Nicht zufällig läßt Jakobs gerade diesen Laut, der Urhaftes, Primitives, Vorzeitiges evoziert, an dieser Stelle anklingen; dieser Ideenkomplex bestimmt die Einschätzung des Publikums und somit den weiteren Gedankengang des Vortrags, der den arrivierten Intellektuellen in der fortgeschrittenen Evolution der Menschheit abhebt von einer zurückgebliebenen, begriffsarmen Masse. Die kalte Gleichgültigkeit der wissenschaftlich fortschrittlichen Auserwähltheit wird zudem unterstrichen durch den eingeblendeten, beinahe surrealistischen Vorfall des herabfallenden, grauen, rabenartigen Vogels im Vorbeisausen der Düsenjäger. Die Szene spiegelt das hilflose Ausgeschlossensein der ignoranten Kreatur, auch auf den Menschen bezogen, als die Trauergäste unruhig den falschen Himmelsabschnitt nach der Ursache der Störung absuchen.

Radeks herrische Anmaßung ist übrigens schon in der ungewöhnlichen Schreibweise des Vornamens „Herrmann" vordergründig angezeigt. Gestärkt durch absolute Erkenntnis in der Wissenschaft (und dennoch persönliche Anerkennung heischend), stuft er menschliches Mitgefühl als ganz nebensächlich ein. Auch der Nachname scheint auf die falsche Einstellung, auf eine verkehrte Position des Protagonisten zu verweisen: „Radek" als Anagramm ergibt in der Umstellung „Kader". Beide Namensbezeichnungen des Hauptcharakters beinhalten somit Verkehrung wie auch die Möglichkeit der Umkehr und verkörpern so die übergeordnete Idee des Romans, nämlich den fehlgegangenen Menschen durch den Prozeß der Veränderung zur Umkehr zu führen, zu einer besseren Möglichkeit seiner selbst.

Zum ersten Anlaß der Selbstreflexion für Radek nimmt Jakobs die ablehnende Haltung des Publikums bei seiner Ansprache. Der Wissenschaftler versucht zwar, den Fehlschlag seiner Rede dem allgemeinen Mißtrauen gegenüber seinem Beruf zuzuschieben, er spürt allerdings einen ersten Anflug von Selbstzweifel: seine Absichten könnten vielleicht doch nicht falsch verstanden worden sein und die Abweisung der eigenen Person gegolten haben. Der unwillkommene Gedanke wird jedoch sogleich abgeschüttelt mit dem zornigen Wunsch, lieber „alles hinzuwerfen und die Pickordnung von Hühnern zu studieren oder das Verhalten von Ratten in Irrgärten als Menschen in ihren Systemen" (21). Er sehnt sich zurück nach den bestimmbaren Verhältnissen des Labors, denn er beginnt zu spüren, daß in die menschliche Auseinandersetzung Werte hineinspielen, die den objektiven Abstand des Beobachters nicht gelten lassen. Mit der Ablehnung seiner dozierenden, manipulativen Hochmütigkeit leugnen die Zuschauer zugleich seine eigene Existenz. Der Autor verweigert seinem Protagonisten den Bezug und damit die Möglichkeit der gesellschaftlichen Identität. Er wirft ihn auf sich selbst zurück, in eine narzistische Daseinsform, die zwar in der Theorie unbehindert zu bestehen vermag, im Leben aber keine Anwendungsberechtigung findet.

Die Form des Interviews als Gegenüberstellung wählt der Autor ein zweites Mal, diesmal mittels Einblendung in die berufliche Situation. Es geht darum, das Mensch-Maschine System einer Abteilung im Glühlampenwerk der Kleinstadt Largant auf seinen optimalen Leistungseffekt zu untersuchen und zu ermitteln, ob das empirische Verfahren durch rationalisierende Methoden zu ersetzen sei (20). Dabei macht die statistisch auszuwertende Befragung einen Teil der Aufgabe des Operationsforschers aus. Das Interview mit Gisela Branner unternimmt eine Konfrontation von zielgerichteter Faktenetablierung und menschlichen Reaktionen auf wissenschaftlich ausgeklügelte Fragenkomplexe. Der mehrfach wiederholten, herausfordernd gestellten Schablonenfrage: „Wie heißt Ihr Abteilungsleiter?" stellt Jakobs die irritierte Antwort entgegen: „Hören Sie endlich auf mit Ihrem blöden Wie-heißt-Ihr-Abteilungsleiter. Ich merke schon, Sie suchen einen Sündenbock. Alfred Baumann heißt er, und wir alle halten ihn für einen guten Mann" (89). Es spitzt sich in diesem Dialog das Problem der Vorrangigkeit von Mensch und Produktion entscheidend zu, ob nämlich die Effizienz industrieller Arbeit auf Kosten der Menschlichkeit gegenüber dem einzelnen durchzusetzen ist. Jakobs vertieft die Problematik in dieser Szene durch die Verkoppelung zweier Aspekte: einmal prägt er Radeks zwiespältige Haltung zwischen wissenschaftlicher Kälte und menschlicher Anteilnahme an der Person Gisela Branners weiter aus, zum anderen führt er ein in Radeks Verhältnis zu Baumann und den zugrunde liegenden Generationskonflikt zwischen Alt- und Hörsaalkommunisten. Die Diskrepanz zwischen dem Hauptcharakter und seiner Umwelt wird hier also weiter profiliert. Daneben beginnt seine Unnahbarkeit zugleich aufzubrechen, was zur weiter zunehmenden Verunsicherung führt. Jakobs versieht hier nämlich den Interviewer mit einer neuen menschlichen Regung, mit einer gewissen Freude, daß „der Ritus der Befragung dadurch unterbrochen wurde, daß er gefühlsmäßig Anteil nehmen konnte am Leben des Gesprächspartners, wenn Neugier geweckt war" (82). Zwar bleibt dieses menschliche Mitgefühl das eines interessierten Beobachters, der das eigentliche Interview mit der geübten Routine des Experten durchführt, es weist aber im Vergnügen, die statische Routine abzuwandeln, auf spätere Zweifel angesichts der Entscheidung über Alfred Baumanns Zukunft als Abteilungsleiter. Jakobs stellt in dieser Episode heraus, daß Radek berührbar ist von Faktoren, die über das Sachliche hinausgehen, die ihn aber hier im Kleinen vorerst nur wenig verwirren. Mit ungetrübter Objektivität sucht er einstweilen Mißstände im Glühlampenwerk zu ergründen und die zuständigen Vorgesetzten verantwortlich zu machen. Das nüchterne Vorgehen des Operationsforschers stößt dabei auf den Widerstand erworbener Rechte und Sympathien der Älteren aus den Anfangsjahren der DDR, von Leuten wie Baumann — der Name allein reflektiert schon die Beteiligung am Aufbau — und dem in der Auseinandersetzung am Herzschlag sterbenden Betriebsdirektor.

Jakobs charakterisiert die Vertreter der bestehenden Ordnung durch die Aussagen ihrer Mitarbeiter in der Fabrik als geliebte und geachtete Gestalten, denen Respekt entgegengebracht wird, nicht, weil sie sich durch wissenschaftliche Bildung qualifiziert hätten, sondern weil sie sich mit Führungstalent und Leistung als Aktivisten der Pionierzeit ausgezeichnet hatten und ihre Autorität mit menschlichem Verständnis verbinden. Ihnen stellt der Autor nun Leute gegenüber wie Herrmann Radek, ausgebildete Spezialisten, mit dem Auftrag, gewachsene industrielle Arbeitsvorgänge mit psychologischen und mathematischen Methoden zu durchleuchten. In den Vordergrund gerückt sind damit „die hellen Bürschchen mit ihren fixen Ideen, ... die Zuchtlosen, die Zwiegespaltenen, die Leidenschaftslosen, die Papiertiger ..." (120), wie der Betriebsdirektor sie in hellem Zorn beschimpft. Jakobs läßt die Kritik sogar so weit sich steigern, daß der Alte den Neueren vorwirft, sie wollten „kapitalistische Methoden der Leitung" (116) einführen, insofern sie zur Befriedigung des persönlichen Ehrgeizes die Rationalisierung des Arbeitsprozesses auf dem Rücken der Arbeiter austragen ließen. Entwickelt Jakobs den Vorwurf kapitalistischer Tendenzen nicht weiter und richtet sich die Inkriminierung an einen Kollegen Radeks, so wird diesem doch implicite Entfremdung der Arbeit vorgeworfen, die Fortführung einer Industrie, die wohl verstaatlicht, aber nicht vergesellschaftlicht wurde, die das Profitdenken vor die Humanisierung stellt.

Obwohl die Resultate der Untersuchung die Situation und die nötigen Maßnahmen zum vorgefaßten Ziel folgerichtig konstatieren, erstehen dem Operationsforscher immer stärkere Zweifel an den Folgen seines eigenen Urteils und damit verbunden, Gewissensbisse. Jakobs häuft in der Folge Anlässe, die den Protagonisten immer mehr verunsichern und vollzieht diese wachsende Verunsicherung in psychologischen Abstufungen, wobei er Radek unter der Bürde zur Erkenntnis und Selbstverantwortung mehrere Fehlhandlungen begehen läßt. Zunächst will dieser aus der Konfrontation mit dem Leben entfliehen, sich zurücksehnend in die Anonymität der Theorie. Wiederholt erwägt er, nicht weiter in die Zustände einzugreifen, und zwar gewöhnlich dann, wenn er sich von Tatkräftigen abgewiesen fühlt: „Aber vielleicht, dachte Radek, wäre es besser, es so zu lassen, wie es ist" (105). Es handelt sich hier offensichtlich um eine unhaltbare Illusion. Immer mehr arbeitet Jakobs die Konturen eines Mannes in der Krise heraus; er steigert die Situation zu einem Entfremdungsprozeß mit radiaklen Folgeerscheinungen. Zwei Situationen zielen vor allem darauf ab, Radeks Verzweiflung und vergebliche Auflehnung in krankhaften Wahnbildern als Ausdruck seines trotzigen Nihilismus abzuzeichnen. Hierher gehört einerseits die Telefonszene und andrerseits der Verbrennungsakt.

Im Telefonat stellt Jakobs eine Gesprächssituation vor, die normalerweise einen Partner am anderen Ende der Leitung voraussetzt, den er aber an diesem Krisenpunkt in Radeks Weg durch „hallendes Schweigen" ersetzt. Der Protagonist wird damit völlig auf sich selbst zurückgeworfen, eine Situation, in der Jakobs das Konzept des verlorenen Dialogpartners steigert zu Angstvorstellungen regressiver Bildlichkeit. Dabei ist die Primitivität einer Gewölbemetaphorik nicht mehr auf die Rückständigkeit eines Gegenübers bezogen, sie reflektiert nun die Unmündigkeit der entwicklungsscheuen Zentralfigur. Auch das Lächeln der Verachtung, das Radek, beunruhigt durch Dunkelheit und Schweigen auf das gesichtslose Wesen am anderen Ende verlagert, glaubt er jetzt auf sich selbst gemünzt. Bewußtseinsstörung in der Erkenntnis völliger Isolation. So mutet dann auch die ungeforderte Erklärung Radeks an wie nihilistische Sentenzen eines entrückten Geistes: „ ‚Ich werde Ihnen alles erklären', sagt Radek, ‚der Mensch ist gegen sich selbst ein Beweis. Warten wir ein wenig, damit wir rascher mit der Sache zu Ende kommen. Keineswegs suchen Toren nach Weisheit, noch streben sie danach, weise zu werden' " (206). Die Sätze bedeuten nacheinander: negierende Selbstaufhebung, paradoxe Sinnlosigkeit, stagnierter Leerlauf. Jakobs verkehrt darin die wissenschaftliche Vernunft in irrationales Verhalten.

Irrationale Verhaltensweise wird noch einmal dargestellt im Verbrennungsakt, im Versuch der Auslöschung der geistigen Identität, einer versuchten Selbstvernichtung. Mit dieser Art Selbstmord gestaltet Jakobs das letzte von Radeks Ausfluchtsmanövern vor der Forderung nach Selbstveränderung. Jakobs läßt Radek alle begonnenen und nie vollendeten Arbeiten, meist über Gestalten aus Kunst und Literatur, zerstören. Aus den Sujets, die der Autor der schriftstellerischen Tätigkeit des Hauptcharakters zuordnet, ermöglicht er Rückschlüsse auf dessen frühere Interessen. Es geht darin um Gestalten, die Radek in gewisser Hinsicht ähneln, indem ihre psychische Verfassung oder ihre gesellschaftliche Lebenshaltung den Auswüchsen seiner wissenschaftlichen Esoterik sehr nahe stehen. So befaßte er sich etwa mit A. A. Scholl, dem Respräsentanten eines einsamen Menschen in sinnlosem Leben, wie er meint, und mit den Figuren der L'art pour l'art Bewegung wie Baudelaire, Mallarmé und Rimbaud und mit anderen, deren Dichtung ganz ohne Wirklichkeit auskommen können (238). Außer diesen Aufsätzen über die Kunst vernichtet Radek auch seine früheren Interpretationen über Aufgaben im Sozialismus wie das Bild der „Neuerer", die „sich gegenseitig bei der Aufspürung von Unzulänglichkeiten und deren Beseitigung unterstützen, um einen möglichst großen Kreis von Neuerern zu gewinnen" (236). Stehen die Künstler in ihrer eigenen Daseinssphäre abseits von der Realität, so ist für die Neuerer, wie auch für Radek, die Gefahr zumindest nicht ausgeschlossen, daß sie sich im Eifer der Aufspürung von Unzulänglichkeiten über das Leben erhaben fühlen.

Mit der Zerstörung der seinen geistigen Werken zugrundeliegenden Materie meint Radek sein bisheriges Dasein auslöschen zu können, so wie etwa alte Kulturen mit dem Verfall ihrer Kunstobjekte in Vergessenheit geraten. Doch wie im Beispiel der Chronik der Stadt Largant, die trotz vieler Feuersbrünste und Kriegszerstörungen einen genauen Abriß der Geschichte zu vermitteln vermag, läßt Jakob auch Radeks Versuch der Identitätsauslöschung als vergebliches Unternehmen scheitern, denn man besitzt keine Macht über Vergangenes. Nur erst Geplantes kann beseitigt werden. Ausgeführtes bleibt dagegen erhalten in der Form von Dokumenten und Erinnerungen als Besitz in fremder Hand. Alles Dasein hinterläßt unauslöschbare Spuren, es wird zum Sediment der Geschichte. Vergangenheit ist nicht auszulöschen und der zukünftige Werdegang nicht aufzuhalten. Die Regel bestätigt sich am einzelnen, es gilt auch für Radek. Er kann dem Prinzip der Veränderung nicht ausweichen; der Prozeß der dialektischen Entwicklung läßt keinen Stillstand zu. Jakobs gestaltet dementsprechend den Verbrennungsakt, von Liane seines Impakts beraubt, als letzten Destruktionsversuch, mit der Absicht, den Protagonisten bis an die Grenze der Selbstaufhebung geführt zu haben. Radek beginnt sich danach freundlichen Kräften zu beugen, die lange um sein Verständnis geworben hatten. Denn der antithetische Pol im Konzept des sozialistischen Autors ist als integrationsförderndes Element eingesetzt, als Komponente der Neuentwicklung, nie als Widersacher im Kampf auf Leben und Tod.

Als Gegenpol zum Komplex einer im Zerstören der eigenen Schöpfung kulminierenden Entfremdung entwickelt Jakobs eine lebensnahe Welt der Menschlichkeit, der Einsicht schaffenden Kritik und der bescheidenen Selbstsicherheit. Gleich zu Anfang der ersten Szene macht er mit den Worten des Filmregisseurs auf das Unzeitgemäße in Radeks Überbetonung des Wortes aufmerksam und deutet schon hier auf dessen Grundfehler, der mit überheblicher Formulierungsästhetik nicht nur andere zu täuschen sucht, sondern auch immer wieder sich selbst vom eigenen schönen Wort verführen läßt. Der Regisseur verweist auf die Unstimmigkeit, daß Radek am Begräbnisort des Betriebsdirektors die Ausführungen zur eigenen Stellung in den Mittelpunkt rückt: „Sagen hat seine Zeit und das Gegenteil tun hat seine Zeit, und jetzt ist die Zeit, das Gegenteil zu tun" (16). Auch Liane zeigt sich gereizt über Radeks Unempfindlichkeit gegenüber der Situation, und Jakobs läßt somit bezeichnenderweise dessen überhebliche Formulierungsakrobatik im Vergleich mit der Sprachgestik der Frau zuerst brüchig werden. Der Erzähler stellt fest: „Er kannte keinen, der imstande war, einen Gedanken so auf die kürzeste Form zu bringen wie sie, wobei ihr gelegentlich das Malheur passierte, einen vielleicht brauchbaren Einfall lediglich unter seinem banalsten Aspekt zu formulieren. Radek dagegen hatte die Angewohnheit oder Gabe, den unscheinbarsten Gedanken mit Farbe und Schnörkeln zu versehen, daß jeder glaubte, Bedeutendes vor sich zu haben. Formulierungsartist, Wortgaukler nannte Liane ihn im Zorn. Zum Wort Blender hatte sie sich nicht verstiegen ... dachte Radek und lächelte" (187).

Die reflektierende Kontrastierung der Sprachhaltungen beinhaltet vergleichende Selbstanalyse, die, angeregt durch die Frau, zur Selbstveränderung führen kann. Lianes Andersartigkeit wird von Jakobs in der dialektischen Progression als Triebkraft eingesetzt, eine Funktion, die er allen Frauengestalten im Buch überträgt. Jakob folgt dabei literarischer Überlieferung, wenn er das Wesen der Frau mit einer natürlichen, unbeirrbaren Vollkommenheit ausstattet, der Gefühl und Bewußtsein unteilbar angeboren sind, reflektiert in einer Bemerkung Lianes: „Denn alles in meinem Leben habe ich nach Gefühl geordnet. Auch zum politischen Handeln bin ich durch Gefühl gekommen, nicht durch Intellekt" (185). Die Dualität von Geist und Leben und die damit verbundene Gefahr der Einseitigkeit des Mannes ist ihrem Wesen fremd. Sie wird so nach tradiertem Grundsatz zur Erzieherin des Mannes, der unter ihrer Anleitung die Lehrjahre der Männlichkeit durchlaufen muß. Jedoch ist die Rolle der Frau als ruhender Pol harmonischen Daseins neuartig verschoben im sozialistischen Verständnis Jakobs zur tätigen Mitwirkung an der Entwicklung. Aktiv ist sie um die Veränderung des Mannes bemüht, wie Radek ganz richtig erkennt: „Ihm fiel ein, daß sie ihn als Psychologen und Operationsforscher in den Betrieb geholt hatte, um etwas zu ändern. Er fragte sich aber, ob sie nicht hauptsächlich ihn, Radek, ändern wollte" (37). Tatsächlich beabsichtigt sie gerade dies, wenn sie ihn aus dem Forschungsinstitut herausholt und seine theoretische Orientierung der Wirklichkeit aussetzt. „Lianes Meinung nach war die Arbeit in Industriebetrieben ... eine Art Gesundbrunnen für kränkliche Charaktere. In ihren Augen kränkelte Radek seelisch" (37). Gemäß dem vegetativen Bedeutungsgehalt ihres Namens durchrankt Liane das Leben ihres Mannes. Beweglich und stark erhält sie seiner empfindlichen Sprödigkeit in der Gefühlsnähe des Miteinander die Möglichkeit der Aufnahmebereitschaft für neue Lebenswerte.

Wie der Autor die Frau mit dem besonderen Vermögen versieht, im Leben Entwicklungsbezüge herzustellen, so benützt er auch die Opposition der Jugend als Antriebsmoment. Mittels Einblendungen setzt Jakobs ihre Eigenschaft, Meinungen und Einwände unumwunden zu äußern, selbst wenn es für den Betroffenen um unangenehme Wahrheiten geht, in der Entwicklung Radeks ein. So konfrontiert er diesen vor allem mit der Kritik des Sohnes Ernst, indem er die leitmotivisch angelegte Selbstzentriertheit Radeks hier zu einer Vaterschaft ohne Verständnis variiert. Der heranwachsende Sohn lehnt es aus einem Gefühl der Ausgeschlossenheit ab, sich mit einer elterlichen Einstellung zu identifizieren, wo, wie er meint, jeder nur im Sinn hat, „höher zu kommen, damit er weniger schikaniert wird und gründlicher andere schikanieren kann" (77). Ist die verächtliche Haltung des Sohnes zwar psychologisch motiviert und seine Interpretation des väterlichen Problems zu einfach, so deutet doch auch diese Auseinandersetzung darauf, daß Radeks vermeintlicher Erfolg als Fehlerfolg zu werten ist. Die Konfrontation des Sohnes bewirkt im weiteren Verlauf Radeks Durchdenken der Beziehung zum anderen, und er gelangt dadurch zur größeren Einsicht in die eigene vereinseitigte Lebensstellung. Ähnlich angelegt ist die Begegnung mit der jugendlichen Gestalt Maria Schlaf, der Tocher des Freundes Moses. Ihre verächtliche Haltung gegenüber Radek betont seine Unentschlossenheit und Neigung zur Abkapselung. Der Vergleich seiner Gestalt als klein und kleinmütig, gemessen an den menschlichen Giganten der jüngsten Vergangenheit, stellen einen Vorwurf dar, dessen Herausforderung Radek nicht gewachsen ist: begegnet er schon der physischen Erscheinung Maria Schlafs mit verunsicherter Bewunderung, so versagt er um so mehr angesichts ihrer Meinung. Er muß ihren Vorwurf als gerechtfertigt anerkennen. Durch die Kontrastierung mit den Neugestaltern der sozialistischen Gesellschaft wird die Problematik Radeks in dieser Szene weiter ausgeformt.

Bezwecken die Auseinandersetzungen mit dem Sohn und mit der Tochter des Freundes die Durchleuchtung von Fehlern im Verhalten und von Mängeln in der Statur des Protagonisten, so deckt die Beziehung zu Lore Baumann, die ihn liebt und idealisiert, darüber hinaus den Gesichtswinkel der Zentralfigur auf. Eingebettet in die enge menschliche Beziehung wird ein Vergleich angestellt zwischen Lores und Radeks Beweggründen, die sie jeweils zur Schauspielerei am örtlichen Laientheater geführt haben. Schonend und mit Zartgefühl wird Radek auf sich selbst verwiesen von einem Menschen, der ihm völlig ergeben ist und gegen dessen Vertrauen er kein Gegenargument zu entwickeln braucht. Auf die Frage, warum er gerne auf der Bühne auftrete, weiß er schließlich zu antworten: „weil ich ein Spieler bin, und mir ist es egal, was ich spiele, Schach, Operationsforschung, Volleyball oder Theater" (204). Im Spiegel der Sechzehnjährigen ist die Einsichtsmöglichkeit gegeben in die unverbindliche Natur des nur Spielenden, der in der fingierten Darstellung ohne innere Teilnahme die Distanz zwischen Zuschauer und Schauspieler betont und sich zugleich im eigenen Abstand zum Dargestellten den Ausweg in die Variation offenhält. Vor allem auf Wirkung bedacht und ohne innere Verpflichtung zur eingenommenen Position, schwankt diese Natur unschlüssig angesichts der Forderung von Entscheidung und Verantwortlichkeit.

Stärkste Kontrastfigur neben den Frauengestalten als Vertreter der Menschlichkeit und denen der Jugend als Übermittler unverhohlener Kritik ist Alfred Baumann. In dieser Figur vereinigt der Autor eine doppelte Funktion: Anlaß der Krise, die seine Beseitigung als Abteilungsleiter in Radek auslöst, ist er zugleich Vorbild, indem er die eigene Lage objektiv einschätzt und die Konsequenz seiner Erkenntnis nicht scheut. Das Verhalten der beiden Gestalten zueinander ist im gesellschaftlichen Wechselspiel mit einer gewissen Befangenheit gekennzeichnet, die sich in der wichtigen Begegnung am See schließlich löst. Jakobs läßt die Figuren an traditionellen Verhaltensnormen sich orientieren, in der Rolle des belehrenden Alters und der ironisch verkleideten Unterwerfung des im Usurpierungsversuch erfolglosen Jüngeren. Innerhalb dieser Spannungen baut er die vormotivierte Gigantenhaftigkeit des Altkommunisten vollends aus. Neben die etwas verfahrene olympische Einstellung Baumanns stellt er dessen Reife der Einsicht, die überholende Kräfte als Naturgesetz anerkennt. Aus seiner Selbstdarstellung geht hervor, daß der Titan die Selbstbegrenzung akzeptiert. Er erkennt die Notwendigkeit der Unterordnung seiner autonomen Verantwortlichkeit unter die Erkenntnisse des wissenschaftlichen Fortschritts — und damit Radeks Berufswert — als Bedingungen einer neuen Zeitenwende. Gegenüber dieser von großer Bescheidenheit bestimmten Haltung, die die Grenzen der eigenen Möglichkeit objektiv einschätzt, wirkt Radeks ironische Bitte um ein paar goldene Lebensregeln seiner Art gemäß kleinmütig. Sie betont erneut die Überlegenheit des baumannschen Standpunktes und leitet als Herausforderung über zur Lehrsituation. Jakobs setzt die gleichnishaften Beispiele des Älteren als prophetische Hinweise auf die nahe Zukunft der Zentralfigur ein. Die erste Erzählung berührt die Gefahr der Stagnation und beinhaltet als Beweis der neuesten Erkenntnis Baumanns und als Warnung für Radek einen doppelten Verweis. Sie berichtet aus Baumanns Erfahrung mit einem ironischen Schüler, der auch Hochverräter werden wollte wie der auf seine revolutionäre Vergangenheit stolze, aber in seiner Konzeption stehengebliebene Altkommunist; da dieser den Fortschritt der Zeit und der veränderten Verhältnisse nicht wahrgenommen hatte, gab er sich in seiner Rückwärtsgewandtheit der Lächerlichkeit preis. Jakobs spielt im Beispiel des einseitigen Ausblicks natürlich auf die Zentralproblematik im Roman ganz allgemein an, im besonderen aber auf die Konfrontation Radeks mit seinem Sohn, dessen Absage an das elterliche Vorbild bevorsteht, und dessen Rückgewinnung die Änderung der väterlichen Lebenseinstellung fordert.

Auch die zweite Geschichte präfiguriert den sich anbahnenden Haltungswechsel Radeks. Sie betrifft das Fällen eines moralischen Urteils, dessen Richtigkeit dieser in der darauffolgenden Unterhaltung mit Baumann, wenn auch widerwillig, akzeptiert. Jakobs nimmt damit Radeks Verhalten gegenüber dem von Liane vermittelten Urteilsspruch vorweg. Der Autor wählt nämlich gerade die Verurteilung aus moralischen Gründen als Kulminationspunkt im langen Prozeß der Suche nach Radeks Veränderung: Liane überbringt diesem den Entscheid, daß er als Direktor Forschung und Entwicklung von seiner Funktion entbunden worden sei und ergänzt: „Fachlich gibt's an ihm nichts auszusetzen, ... aber moralisch dafür um so mehr" (278). Radeks erweiterte Einsicht und veränderte Haltung in dieser Szene heben sich entscheidend ab von seiner ersten Reaktion auf die Nachricht seiner Entlassung gegenüber Kritzki. In jener frühen Phase der Bewußtwerdung ließ ihn Jakobs noch hochmütig entgegnen, er sei nicht seiner Funktion entbunden worden, sondern von selbst zurückgetreten.

Radeks Zurückweisung der Kritzkiaussage entspricht seiner frühen Unfähigkeit, Kritik als konstruktiv zu akzeptieren. Sie deckt aber auch die Beziehung der beiden Gestalten zueinander auf, die wiederum über die gehaltliche Intention hinaus die ihr zugrundeliegende Struktur durchschaubar macht. Kritzki ist, wie schon der Name andeutet, negative Kontrastfigur. Er hält sich für einen Künstler, seine schöpferische Leistung stellt allerdings wenig mehr dar als Kritzelei. Gesehen mit Radeks Augen haftet ihm der Verdacht des künstlerisch Anrüchigen, des Dilettantismus und Opportunismus an. Darüber hinaus, und dies erkennt der Protagonist erst später, ist er Prototyp unschöpferischer Stagnation, unter anderem am Interieur seiner Wohnung exemplifiziert. Anfangs scheint Radeks Ablehnung von der Angst um den Verlust seiner Frau an den anderen bestimmt als weitere Variante seiner Entfremdung. Letztlich bestätigt Jakobs allerdings Radeks richtige Einschätzung des Filmreporters und zeigt daran den Fortschritt im Entwicklungsprozeß der Zentralfigur auf. Kritzkis Unsicherheit gegenüber den Veränderungen des Lebens wird ganz besonders hervorgehoben darin, daß dieser die ursprüngliche Konzeption seines Dokumentarfilms wiederholt glaubt ändern zu müssen, da sich die tatsächlichen Umstände mit dem Anspruch auf reibungslosen Ablauf nicht vereinen lassen. Als sich ihm durch die sich ständig verändernde Sachlage immer wieder unvorhergesehene Schwierigkeiten ergeben, wird seine Lösung des „Weglassens" um einer Kunstvorstellung konfliktloser, statischer Darstellung zu entsprechen, ad absurdum geführt. Karikatur des L'art pour l'art Künstlers, erschafft er künstlichen Stillstand: „Endzustand gleich Anfangszustand, ... das ist die Gleichung. Alle die vielen komplizierten Umwege verwirren nur" (262).

Am Gegenbeispiel beweist sich die Notwendigkeit der Veränderung, die Radek zu diesem Zeitpunkt nun auch für sich selbst als gültige Bedingung anerkennt: „Immerhin ist eine Menge geschehen. Jeder von uns ist zu neuen Einsichten gelangt" (262) hält er Kritzkis beschränkender Absicht entgegen. In diesem Stadium der Erkenntnis und wie immer unter Lianes lösendem Einfluß verflüchtigt sich jeder Einwand gegen den Verlust der Stellung. Von ihr, die nach mehrfachen früheren Ansätzen, ihrem Mann die Nachricht zu überbringen, Zeichen seines Wandels unter dem Einfluß der jüngsten Erfahrungen abwartet, kann Radek jetzt die Forderung nach individueller Selbstvervollkommnung akzeptieren, und er hat die ersten Schritte dazu schon geleistet. Lianes Taktik war ein Erfolg. Radeks Krise, ausgelöst und überwunden an der Folie des Kontrastmilieus, wird zum Ausgangspunkt eines neuen dialektischen Prozesses. Erleichtert über die Bewältigung seines Stillstands und offen für den Neubeginn antwortet er auf Lianes verblüffte Frage, ob er meine, es wäre alles ein Kreislauf: „es fängt alles von vorne an auf höherer Stufe" (278). Der Autor unterstreicht die Proklamation der Neuwerdung in der Erneuerung der gegenseitigen Liebe des Ehepaars und in Radeks Wunsch nach einem neuen Kind. Die Beendigung des Romans im dialektischen Symbol der Zeugung, der geschlechtlichen Vereinigung von Männlichem und Weiblichem, kontrastiert die Beerdigungsszene am Anfang. Die antithetische Struktur vertritt auch hier die dialektische Beziehung: Gegensätzlichkeit ist dynamisches Grundprinzip und in der Auseinandersetzung Triebkraft der Veränderung..

Brigitte Reimann: „Franziska Linkerhand"

Brigitte Reimanns postum veröffentlichter Roman, *Franziska Linkerhand* [127], (die Autorin ist 1973 neununddreißigjährig an Krebs gestorben) gehört gleichfalls in den Kreis der Werke jener Schriftstellergeneration, die schon in den sechziger Jahren den Schwerpunkt des literarischen Schaffens in der DDR gebildet hatte und dann eine Dekade danach mit einer neuen Romanfolge wieder in den Vordergrund trat. Wenn auch aus verschiedenen Blickwinkeln angeschnitten, geht es allen Werken dieser frühen siebziger Jahre darum, die sozialistische Verwirklichung des Individuums zu demonstrieren, entweder als Auseinandersetzung mit dem eigenen Selbst und den persönlichen Schwächen oder als Konfrontation mit einer als unzureichend empfundenen Gesellschaftsphase. Kant, Jakobs und Neutsch fordern in der Auseinandersetzung ihrer jüngeren Romane mit einer differenzierteren DDR-Gesellschaft die Selbstveränderung des Individuums durch Selbsterkenntnis und Selbstüberwindung. Sie verfolgen dabei den Prozeß der Einordnung des einzelnen unter die als richtig erkannten Bedingungen des Gesamtfortschritts. Ausgangspunkt ist eine positiv empfundene sozialistische Umwelt, deren Aufrechterhaltung vom Individuum und seiner wachsenden Anerkennung gesellschaftlicher Bedingungen abhängt. Im Unterschied zu einer derartigen gesellschaftsaffirmativen Haltung, und darin verwandt mit Christa Wolfs 1969 erschienenem Roman *Christa T.*, unterzieht Reimanns Buch das sozialistische System und vor allem den sozialistischen Alltag einer kritischen Prüfung. Sie argumentiert, daß diese sozialistische Wirklichkeit es dem Individuum verwehre, einen schöpferischen Beitrag an der gesellschaftlichen Gesamtentwicklung zu leisten. Während die Mehrzahl ihrer Kollegen das Bedrohliche eines egozentrischen Beharrens im Individualbezug betonen, verweist Reimann auf

---

[127] Brigitte Reimann, *Franziska Linkerhand* (Kindler, München 1974). Seitenzahlen im Text beziehen sich auf diese Ausgabe. (Copyright: Verlag Neues Leben, Berlin 1974.)

die Gefährdung der sozialistischen Idee von seiten eines sterilen, versteinernden Staatsapparates, der aus ökonomischem Rigorismus die eigentliche Aufgabe der menschenwürdigen Gesellschaftsanreicherung verkennt. In diesem letzten Roman, *Franziska Linkerhand*, zeichnet Reimann eine Gesellschaft mit krankhaften Frustrations- und Deformationserscheinungen, die zum großen Teil daher rühren, daß der Staat die gestalterische Mitwirkung seiner Mitglieder beeinträchtigt, anstatt sie geradezu herauszufordern. Sie zeigt auf, daß eine Staatsform nur gelegentlich lebenskräftige einzelne hervorbringt, wenn diese es versäumt, den schöpferischen Einsatz aller im Entwicklungsprozeß einzubeziehen. Ohne deshalb sozialistische Ideale zu negieren, oder gerade weil sie es mit ihnen ernst meint, nimmt Reimann sich das in ihren Augen immer stärker verkrustende sozialistische Gefüge prüfend vor und seziert es im Detail. Ihre Anklage gegen die etablierte Routine kommunistischer Praxis wie ihre Bejahung einer Tendenz zur permanenten Revolution als Gegenmaßnahme gegen einen undurchlässigen Bürokratismus und unschöpferischen Funktionalismus sind dabei zuweilen nahe daran, Eigeninitiative in der Form von anarchistischem Selbsthelfertum zu proklamieren. Solches Sichhinwegsetzen über hemmende Bürokratismen verkörpert zum Beispiel die Yul-Brynner-Gestalt, die glaubt, daß man Gesetze umgehen müsse, „wenn sie aufhalten, wenn sie hindern, daß der Laden läuft (540, 541)". Entgegen der offiziellen Planung läuft der Laden nämlich vielfach nur, wenn solche Einzelgänger nach Art der Westernhelden durch eigenmächtiges Handeln Bauprojekte wie das in Neustadt vorantreiben, und nur durch persönlichen Einsatz und Selbstverantwortung bleibt der übergeordnete Bau am Staat am Leben erhalten.

In ihrer Sichtung des sozialistischen Daseins scheut sich die Autorin nicht davor, die Erstarrung im politischen Lebensgefühl aufzudecken und das Tolerieren von Widersprüchen in der sozialistischen Wirklichkeit anzuprangern. Und wie sie das etablierte Bewußtseinsgefüge im sozialistischen System kritisch nachzeichnet, so dokumentiert sie soziale Mißstände und zwischenmenschliche Beziehungen ebenfalls ohne verschönernde Umschreibung. Ihre Darstellung übertrifft dabei an Lebensechtheit alle anderen Romane ihrer Zeit. Hierher gehören vor allem die frappierenden Zeichnungen der vielen nachbarlichen Wohn- und Eheverhältnisse, die in ihren Milieuskizzen beinahe naturalistisch anmuten; hierher gehören auch die vom sozialistischen Standpunkt aus verständlichen Charakterisierungen schmieriger Privatunternehmer; es gehören dazu aber auch die vom sozialisti-

schen Standpunkt aus eher unerwarteten Darstellungen von Proletarier-
gestalten wie zum Beispiel der Figuren Gertrud und Exß. Der eindringliche
Realismus, die Determinierung und Rettungslosigkeit im Lebensbild dieser
beiden Gestalten, das milieubedingte Sippschaftsgeklüngel, das sexuell
Brutale und Trunksüchtige hat bis dahin nicht seinesgleichen in der DDR-
Literatur. Dabei zeigt Reimann mit derart lebensnaher Kraßheit nicht etwa
ein Scheitern der sozialistischen Ideologie auf, sondern beabsichtigt vielmehr, Schwächen einer selbstverständlich gewordenen sozialistischen Alltäglichkeit bloßzustellen.

Die Warnsignale in der Zeichnung einer negativen sozialistischen Praxis
richten sich gegen einseitigen Rationalismus, ökonomischen Materialismus,
leistungsorientierten Rigorismus und eine ängstliche Unflexibilität, die zu
groben Auswüchsen führt. Die sozialistische Planung sieht Reimann auf
die Erfüllung materialistischer Ziele beschränkt. Durch diese Zweckbindung werde das Anliegen einer fortschreitenden Humanität sowie der
Auftrag zur Erschaffung menschenfreundlicher Existenzbedingungen aus
der Staatsdoktrin verdrängt. Anstatt den ganzen Menschen in ihren Ge-
staltungsversuch einzubeziehen, wurde die staatliche Programmierung nur
auf seine Produktionskapazität ausgerichtet; sie brachte dadurch eine ver-
nachlässigte sozialistische Psyche hervor, die überall Symptome der Ver-
kümmerung aufweist. Solche Entartungen als Folge der einseitigen staatlichen Ausrichtung stellt Reimann vor allem in der Arbeitswelt dar: sie
zeigt, wie fraglose, roboterhafte Ausführung fremder Aufträge ohne schöpferische Mitbeteiligung und Anteilnahme den eigentlichen Bezugspunkt
verliert.

Als Gegenpol gegen die institutionierte Zweckbetonung stellt Reimann
die Architektin Franziska Linkerhand mit ihren jugendlichen Bemühungen um die eigene Individualität und ihrem späteren Kampf gegen die
Entpersönlichung der Mitwelt. Die Protagonistin vertritt die Forderung des
einzelnen nach schöpferischem Engagement und Mitbestimmung im Entwicklungsprozeß der Gesamtheit. Diese Gegenüberstellung von kreativen
Impulsen auf individueller Ebene und Sterilität im Funktionalismus bestimmt den Erzählgestus im ganzen Roman. Durchgehend unterliegt der
Handlung ein dichtes und präzis geknüpftes Gewebe von Konfliktbezügen
(um so bewundernswerter angesichts dessen, daß die Autorin die Arbeit
nicht mehr revidieren konnte). Immer wieder konfrontiert Reimann kriti-
sierte Zustände mit Alternativen. Sie versucht Situationen der Stagnation
mit Möglichkeiten des Neuansatzes aufzubrechen; sie sieht im Vergange-

nen noch Gegenwartswürdiges oder im Gegenwärtigen Obsoletes; sie er-
nüchtert übertriebene Erwartungen oder rüttelt unnachgiebig an der Resignation. Der Erzählmodus der Konfrontation beruht dabei wie in allen
Romanen der frühen siebziger Jahre auch hier auf einer dialektisch ver-
standenen Antithetik. Die polare Konstellation will in der Konfliktlösung
jeweils zu einer gegenseitigen Beeinflussung führen, oder ist zumindest
Anlaß einer Weiterentwicklung.

Bedeutet die Auseinandersetzung zwischen Individuum und Gesellschaft
in diesem Roman eine Rivalität zwischen Zweckmäßigkeit und Humanisierung, so spiegelt sich diese übergeordnete Zweiwertigkeit vor allem im
Berufsbild der Hauptgestalt. Der Aufgabenbereich der Architektin reflektiert die übergeordnete Struktur insofern, als in diesem Beruf das soziale
wie auch das künstlerische Anliegen sehr nahe aneinanderstoßen. Prag-
matische und ästhetische Werte verlangen gegenseitige Berücksichtigung,
es müssen sich also homo faber und homo ludens miteinander arrangieren.
In der Romanhandlung erweist sich die Doppelseitigkeit dieses Berufs in
Franziskas Bedürfnis, Wohnstätten zu schaffen, die nicht nur den physischen, sondern auch den psychischen Ansprüchen ihrer Bewohner genü-
gen. Sie will also eine Umwelt gestalten, die Lebensnotwendigkeit mit
Lebensfreundlichkeit vereint. Hieraus erwächst einer der Zentralkonflikte
des Romans, insofern als Franziskas berufliche Vorstellungen mit einer
gänzlich an ökonomischen Fakten orientierten und technisch rationell be-
dingten Bebauungsplanung auf Widerstand stoßen müssen.

In einem neuentstehenden Industriegebiet, das sie sich zum Wirkungs-
ort gewählt hat, gilt es, so schnell wie möglich Wohnblocks für die zuge-
zogenen Arbeiter zu erstellen. Dabei schenkt man den Bemühungen der
untergeordneten Architektin um zukunftsgerechte Stadtplanung und wohn-
gerechte Stadtgestaltung nicht die geringste Aufmerksamkeit. Wiederholt
widersetzt sie sich dem phantasielosen Pragmatismus der Bauprojektie-
rung, einer Reißbrettstadt ohne Wohnlichkeit, deren ungesundes Lebens-
milieu asoziale Probleme fördert, wie es die steigenden Zahlen der Selbst-
morde, Vergewaltigungen und Trunksucht beweisen. Gegen diese verfrem-
dende Nüchternheit aneinandergereihter Wohnkasernen stellt Reimann
Franziskas Anliegen, für diese Neustadt positive Werte der Altstadt her-
überzunehmen. Es wird damit eine dialektische Synthese angestrebt, die
das Beste aus beiden Welten zu verbinden sucht. Also statt lichtloser Hin-
terhöfe einen modernen Lebensstandard, aber nicht etwa eine effiziente
Betonöde, sondern Einbezug altstädtischer Gemütlichkeit. In Franziskas

Vorstellung darf Urbanität nicht Leere ausstrahlen, sondern sie muß Möglichkeiten der menschlichen Beziehungen und der Kommunikation fördern. Eine Stadt muß nach ihrer Ansicht die lebendige Stimmung von Bummelstraßen bieten, grünbewachsene Plätze mit Springbrunnen zum Ausruhen schaffen und intellektuell anregende Kulturzentren aufweisen. Unpersönliche Sterilität soll also überwunden werden durch einladendes Entgegenkommen.

Die Hoffnung auf eine menschenwürdige Umwelt wird zum dominanten Beweggrund im Dasein der Protagonistin. Diesen Wunsch begleitet die Autorin durchgehend mit Elementen nostalgischer Sehnsucht nach zeitloser Harmonie, wie es die Natur verkörpert oder wie es das sogenannte „Alte" darstellt. Altes tritt leitmotivisch auf als Ursprüngliches, Natürliches, Unverdorbenes; es besitzt absolute Integrität. Neben den immer wieder eingewobenen Bildern altstädtischer Lebensfreundlichkeit und der Natur als locus amoenus stellt Reimann Gestalten aus verschiedenen Ebenen der Vergangenheit als Identifikationssymbole vor. Ihr Vorbild rechtfertigt den Mut zur Eigeninitiative und die Idee der Existenzberechtigung durch schöpferische Leistung. Diese Orientierung am Alten bedeutet jedoch kein eskapistisches Liebäugeln mit allem Vergangenen, die Autorin unterscheidet vielmehr sorgfältig zwischen nachahmenswerten und überholten Denkmodellen, zwischen Überzeitlichem und Überständigem. So wird etwa die Mutter, die Franziska mit dem Abstand einer vierundzwanzigjährigen nur noch als „Panoptikumsfigur" empfindet, als eine im Klassendünkel verhaftete Frau geschildert, als „Erwerbsweib, das zäh, honigsüß und unerbittlich auf einen neuen gesellschaftlichen Aufstieg hinarbeitete" (133). Auch der Vater kann als Geistesmensch alter Schule den Anschluß an das neue Gesellschaftssystem nicht finden. Er verschließt sich allem Neuen und sitzt, wie Franziska ihm vorwirft, in seinem Zauberberg und spielt neunzehntes Jahrhundert (128). Dieser Verleger, dem Zola schon zu modern ist, findet sich nicht zurecht in einer Gesellschaft, deren „laute Dichter nicht imstande sind, einen anständigen deutschen Satz zu schreiben ... (130)". Entsprechend dieser Haltung begründet er seinen Entschluß, in den Westen umzusiedeln, wie folgt: „Ich kann eine gewisse Sympathie mit den Ideen dieses Staates nicht verhehlen, mit seinen großen Gedanken von fraternité und befreiter Menschlichkeit, aber es ist eine Sache, Gedanken zu proklamieren, eine andere, sie in die Tat umzusetzen. Aufdringliche Propaganda, eine roh-disziplinäre Verfassung, Mangelwirtschaft und die mörderische Mißachtung des Individuums und jeder individuellen

Äußerung — das ist euer Teil geworden (130)." Reimann verwendet typische Argumente eines Menschen, der das kleinere Übel im anderen Teil Deutschlands vermutet, weil da noch Reste europäischer Gesinnung und Gesittung bewahrt würden (131). Sie kennzeichnet diese Haltung als rückwärtsblickend und kontrastiert sie mit dem Vorwärtsstreben des jugendlichen Engagements. Obwohl Franziska die Einstellung des Älteren zwar versteht und seine Prämissen sogar auf ihre Weise zu einem gewissen Grade teilt, kommt sie zu anderen Schlüssen: sie erkennt die Notwendigkeit der Veränderung an. Die unterschiedliche Auffassung beider erklärt sie daher, daß der Vater sich den neuen Bedingungen verschließe, weil er in dieses Land nichts investiert habe, nicht einmal Hoffnung (131). Hoffnung ist aber Franziskas großer Einsatz.

In beiden Eltern zeichnet Reimann Repräsentanten der Stagnation, also Menschen, die von einer neuen Zeit überholt wurden und sich in einer reaktionären Haltung versteifen. Zu den Vertretern einer zeitlos gültigen, nachahmenswerten Haltung gehört dagegen die Figur des Zeitungsredakteurs, der als Altkommunist und Spanienveteran Franziskas revolutionärem Aufbegehren Sympathie und Unterstützung gewährt. Reimann stellt sein verspätetes Partisanentum und den wagemutigen Geist des Revolutionärs exemplarisch gegen alte „Molusken", die wie der Vater sich „nachgiebig aus Unverbindlichkeit" (131) verhalten und gegen jene „jungen Molusken" (575), die sich den Direktiven eifrig beugen. Wichtigstes Vorbild bleibt jedoch von Franziskas Kindheit an die Großmutter. Das Bild der „Großen Alten Dame", ihrer lebhaften Selbstgewißheit und ihrem Mut, den Dingen auf den Kern zu gehen, unterstützt Franziskas einsames Kämpfertum in einer Zeit der bürokratischen Versteinerung. Bei ihr sucht die Enkelin Kraft zur Ausdauer: „Grauseidene Spießgesellin, die nicht altert. Du an meiner Stelle, du würdest was losmachen, Unübliches tun, um die Häuser zu wecken, diese symmetrischen Pflastersteine bemalen, aus der Hölle in den Himmel springen, auf der Fahrbahn tanzen, die Reißbrett-Straßen verbiegen, das Abendblau beschriften *Wir protestieren*, und die Gardinen würden beseite rascheln, Rollos hochschnellen, Fenstersimse und Balkons überblüht sein von Gesichtern, Haaren, bunten Blusen und Fähnchen wie beim Mai-Umzug und Kinderscharen, Sperlingswolken aus den Türen stieben, während die entzauberte Mattscheibe zwinkert und Fischkoch, Plauderdame, Sportreporter zu Gummibäumen und leeren Sesseln reden (439)." Ursprüngliche Schöpferkraft weckt organische Bilder im toten Konformismus. Reimann sucht bewahrenswerte Charakterzüge früherer Zeiten in die jetzige Welt herüberzuretten, in der diese Kräfte verlorenzugehen scheinen. Sie sortiert das Damals wie das Jetzt und integriert in die Moderne die lebensfördernden Elemente des Tradierten. Zwischen beide stellt sie die Protagonistin mit dem Auftrag der Vermittlung.

Entsprechend der übergeordneten Konfliktstruktur von Dynamik und Statik, von lebensnah und leblos, von zukunftsgerecht und rückwärtsgewandt sind für Franziskas Entwicklung als Architektin die gegensätzlichen Ansprüche von Ästhetik und Effizienz von größter Bedeutung. Die Autorin stellt sie folglich in die Einflußsphäre zweier Kontrahenten, deren Berufsbild sich jeweils am entgegengesetzten Wertmaßstab ausrichtet. In dieser Gegenanlage untersteht Franziska zunächst der Autorität des prominenten, einnehmenden Architekturprofessors Reger. Niemals verliert sie ihre Bewunderung für diesen Mann und dessen künstlerisch-schöpferische Baukonzeption. Sie muß jedoch erkennen, daß er die junge Studentin in einen Kokon aus Idealvorstellungen und Illusionen eingepuppt hat (262), aus dem sie sich befreien muß, um sich einem, dem sozialistischen Auftrag entsprechenden, Berufsethos verpflichten zu können. Gegenpol zur genialen Künstlergestalt Regers ist der für Neustadt verantwortliche Bauingenieur Schafheutlin. Dieser spätere Vorgesetzte Franziskas ist gezeichnet als unansehnlicher, überanstrengter Mann, der seine individuelle, kreative Seite gänzlich verdrängt hat, um seinen Direktiven zu folgen und eine effiziente, aber tote Wohnfabrik erstellen zu können. In der biographischen Geschichte dieses Mannes enthüllt Reimann die enthumanisierenden Kräfte und repressiven Erfahrungen während der stalinistischen Ära. Die bittere Lektion, daß es nichts einbrachte, anders zu handeln als verlangt wurde, wirkte verklemmend und ließ den Menschen schließlich nurmehr zum funktionierenden Roboter werden.

Repräsentiert Reger das Geniale und Dynamische, zugleich jedoch eine elitäre Bezugslosigkeit zur Realität, so ist Schafheutlins Rolle phantasielos, einseitig zielgerichtet, aber praxisnah. Den Prinzipien des dialektischen Ausgleichs und der Lebensfreundlichkeit zufolge läßt Reimann die Verkrampfung im Verhalten Schafheutlins durch die Lebensenergie der Protagonistin allmählich auflockern mit dem Ziel, seine Stagnation zu überwinden und den „konservativen Neuerer" zu befreien. Gemäß der dialektischen Grundstruktur im Roman bleibt dabei auch diese Einwirkung nicht ohne Reziprozität. Nachdem nämlich Franziska das Bauprojekt Neustadt schließlich schon als hoffnungslos aufgegeben hatte und versuchte, ihm den Rücken zu kehren, entschloß sie sich letzten Endes doch, sich dort weiterhin für ihre Ideale einzusetzen. Dabei war ihre Entscheidung nicht zuletzt beeinflußt von Anzeichen ihrer Einwirkung auf Schafheutlin. Ermutigt durch Beweise seiner Veränderung hält sie es dann für möglich, den Einbezug des Ästhetischen in eine utilitaristische Bauweise zu bewirken, also die Gestaltung einer praktischen und zugleich menschlichen Welt zu erreichen. Indem sie ihre Schwäche überwindet und ihren Überzeugungen treu bleibt, gelingt es ihr zumindest, die Entmenschlichung als schädliches Beiprodukt reiner Zweckbindung aufzuzeigen. Franziskas Rolle ist somit die einer dialektisch gemeinten Wechselseitigkeit von Ästhetik und Funktionalismus, oder wie sie es zu Ende des Buches formuliert, einer klugen Synthese „zwischen Heute und Morgen, zwischen tristem Blockbau und heiter-lebendiger Straße, zwischen dem Notwendigen und dem Schönen (582)".

Die Autorin benützt das dialektische Denkmodell jedoch nicht nur als gehaltliches, sondern auch als ästhetisches Prinzip. Der Roman ist als Selbstdarstellung in einer Abart des sich selbst vermittelnden Briefromans geschrieben. Er stellt einen einzigen Monolog Franziskas an den Geliebten, Ben, dar. Eigentümlicherweise verlagert die Erzählerin die Erzählperspektive durch den häufigen Wechsel von der Ich- zur Sie-Situation. Die individuell subjektive Erzählerhaltung wird so durch eine auktorial objektive ergänzt. Diese doppelte Erzählperspektive deutet darauf, daß der Bericht nicht nur intimes Gespräch und biographische Enthüllung einer singulären Existenz sein will, sondern durch die Objektivierung, durch die Filterung in der dritten Person, umfassenderes Weltempfinden und allgemeinere Welteinsicht darstellt. Statt des privaten Anliegens steht im Mittelpunkt der Auseinandersetzung das soziale. Die Identitätssuche, die diese Aufzeichnungen repräsentieren, erfüllt sich somit nicht in einem Ich-Du-Verhältnis, also im Zusammenfinden mit einem einzelnen, sondern vielmehr im Zusammenleben mit einem gesellschaftlichen Ganzen.

Der Vorrang des gesellschaftlichen vor dem privaten Bezug, auf den die Erzählerhaltung verweist, findet eine gehaltliche Entsprechung im Wandel der Liebesbeziehung zwischen Franziska und Ben. Enttäuscht von Bens Unfähigkeit zum vollen Engagement betont Franziska immer stärker den gesellschaftlichen Aspekt der persönlichen Verantwortung. Sie deutet seine Angst vor jeglichem Bekenntnis als Selbstschutz eines durch staatliche Repression ausgelösten, aber heilbaren psychischen Schadens. Es ist hier enttäuschte Liebe nicht Anlaß zur Trennung, wie Rezensenten des Romans meinen, sondern Anlaß zur Objektivierung. Die Trennung erfolgt aus

Franziskas Erkenntnis, daß auch die Liebe nicht als etwas Gleichbleibendes, Statisches anzusehen ist, sondern, wie alles, dem Fluß der Veränderung unterliegt. Reimann läßt diese Liebe deshalb nicht im stagnierenden Hafen der Ehe münden, es wird vielmehr der Versuch unternommen, die Ausnahme einer Regel zu suchen, „nach der das Alter der Entdeckungen aufhört, nach der die Geschichten verdorren, die so anheben: Als wir zum erstenmal ... (219)". Statt Rückwärtsgewandtheit fordern die Gesetze der Progression eine Liebesbeziehung, die sich der Unwiederbringlichkeit vergangener Erinnerungsmomente bewußt ist und deshalb immer neue Liebesmomente schöpfen muß, um existenzberechtigt zu bleiben.

Durch das Liebesverhältnis mit Ben und vor allem durch die sich ihm eröffnende Aufschlüsselung der Selbstbiographie überwindet Franziska ihre Frigidität gegenüber dem Leben. In der revidierenden Selbstanalyse erkennt sie, daß „starrer Drill, heuchlerische Erziehung und die beständige nörgelnde Kritik ... ihr ... natürliches Selbstbewußtsein gebrochen und sie auf viele Jahre mit einer Unsicherheit und Empfindlichkeit belastet hatte ... (125)". In Franziskas Aufzeichnungen stellt die Autorin die Entwicklung eines jungen Menschen als Überwindung jugendlicher Hemmungen (Stottern und Stolpern) und als Hinauswachsen über den verengenden Ichbezug zum gemeinschaftlichen Wir dar. Sie zeigt den Befreiungsprozeß zum selbst- und verantwortungsbewußten Individuum. Einen ähnlichen Entwicklungsprozeß fordert Franziska von Ben. Als Bedingung ihrer Liebe muß dieser Mann den Mut zum Gefühl, zur existentiellen Bindung und zum echten Beitrag zurückfinden. Er muß die skeptische Distanzierung und das intellektualistische Desengagement überwinden, sich aus seiner Entscheidungsschwäche lösen und das brachliegende Talent wieder einsetzen lernen. Wie Franziska sich durch ihre Aufzeichnungen befreien konnte, rät sie auch Ben: „Wenn du dein Buch schreiben würdest, wenn du jenem anderen, den wir leise bei seinem geliehenen Namen Jon rufen, aus dir herauslösen könntest; dein Herz waschen, wie die Alten sagten; ihm aufbürden, was jetzt auf deinen Schultern lastet, und ihn hinausschicken, dein anderes Ich als Romanfigur ... ich wünschte, ich hoffte für dich und für mich: je weiter er sich entfernt, desto näher rückst du wieder dir selbst (537)."

Auch Ben wird dazu aufgefordert, die eigenen Schwächen in der literarischen Arbeit zu überwinden. Wie im Falle Franziskas dargestellt, befreit die künstlerische Tätigkeit aus der Verengung des Privat-Ichs. Der psychoanalytische Prozeß der Selbstprojizierung wird in der ästhetischen Ein-

formung überhöht; es werden erweiterte Bewußtseinsstrukturen aufge-
deckt und durch die künstlerische Objektivierung freigesetzt. Die bewußt-
gewordene, herausgefilterte Essenz persönlicher Lebenserfahrung wird
allgemeingültig in der schöpferischen Leistung. Ästhetik wird so zur
lebensfördernden Kraft. Es beweist sich also auch hier wiederum Reimanns
Grundkonzeption einer alles durchdringenden Wechselwirkung des Notwendigen mit dem Schönen.

Hochwertige literarische Leistung zeichnet sich nicht zuletzt dadurch aus,
daß die Form und die Substanz eines Werkes sich gegenseitig spiegeln.
Nun mußte dieser Roman Brigitte Reimanns Fragment bleiben. Doch wie
die assoziative Erzählweise in diesem ganzen Roman eine endlose Kette
darstellt, wirkt auch das offene Ende wie ein beabsichtigtes Symbol der
ständigen Weiterbildung, der kontinuierlichen Progression, dialektisches
Phänomen des ewigen „unterwegs", das der Grundintention entspricht.

Fazit: ethische Poetik

Für den Gegenwartsroman der DDR, und das läßt sich an einer Vielzahl
von Beispielen über die hier analysierten hinaus nachweisen, ist vorwiegend eine, in immer neuen Variationen abgewandelte Gestaltungsweise
charakteristisch: der dialektischen Intention entspricht eine dialektische
Struktur. In dieser so häufig auftretenden gegenseitigen Ergänzung auf
dialektischer Basis zeigt sich auf, daß die sozialistischen Literaturschaffen-
den dieses dynamische Prinzip für ihr gesellschaftliches wie für ästhetisches
Anliegen als besonders fruchtbar erachten. Immer wieder machen es sich
Schriftsteller zur Aufgabe, das Phänomen Dialektik aus ihrem ideologischen System zu extrapolieren und es zu einem poetologischen Grundsatz
zu erheben. Politik und Ästhetik gehen in diesem Prinzip eine echte Ver-
schmelzung ein. Denn der inhaltliche Niederschlag wird im künstlerischen
Schöpfungswillen bestätigt; die ideologische Darlegung und ihre ästhetische Darstellung bilden eine integre Kongruenz. Insofern wird der für das
literarische Verständnis immer noch als Gespenst umgehende politische
Einbezug vom sozialistischen Romancier ohne Einschränkung bejaht. Sozia-
lismus-Kommunismus in dialektischer Differenzierung ist für ihn Erneuerung des universellen und überzeitlichen Begriffs des Humanistischen
und Humanitären.

Dialektische Dynamik bestimmt in der Konfliktgestaltung der neuesten DDR-Romane Aussagewert und Ästhetik des Kunstwerks. Dieses Gestaltungsprinzip ist typisch für die Wesensart der sozialistischen Literaturschreibung geworden. Man bemüht sich mit dieser neuen künstlerischen Methode um Entscheidungslösungen, die den Kausalnexus des historisch Bedeutsamen aufzeigen, ohne der antagonistischen Negierung zu verfallen. Die sozialistische Konfliktkonstellation wird dabei dahingehend verstanden, daß sie die gesellschaftspolitischen Triebkräfte und ihre Auswirkungen auf den einzelnen wie auf seine Umwelt stark miteinbezieht; sie geht damit also über eine vornehmlich psychologisierende Konfliktdarstellung weit hinaus. Man ist auch in der Formulierung der Gegensatzspannung darauf bedacht, sie in konkreten Dimensionen zu halten, orientiert an dem Anliegen der Faßbarmachung von Zeitgeschichtlichem, nicht an der Diskrepanz zwischen Ideal und Wirklichkeit, zwischen Utopie und Gegenwart. Dialektische Dynamik wird vom sozialistischen Künstler verstanden als die alles Dasein erschaffende und in der Progression bestimmende Grundkraft, als Prinzip eines teleologischen Geschichtsbewußtseins, dem der seiner Zeit verpflichtete einzelne aber nur in gegenwartsbezogener Kleinarbeit, nicht im vorauseilenden Höhenflug dienen kann. Die literarische Repräsentanz der Dialektik wird für den sozialistischen Schriftsteller dementsprechend die Darstellung eines sich unendlich verändernden Geschichtsablaufs, laufend korrigiert durch menschlich-ethisches Bewußtsein.

Für die sozialistisch-realistische Literatur waren lange jene Konflikte bestimmend, die beim Übergang von der bürgerlichen zur sozialistischen Klassenstellung, also bei der Entscheidung der ideologischen Zugehörigkeit auftraten. Für die sich dann in zunehmendem Maße nach innen ausrichtende sozialistische Einstellung beruht der in den heutigen Romanen geschilderte Widerspruch auf einer innergesellschaftlichen und innerproblematischen Basis, nicht länger auf der Gegenüberstellung mit dem kapitalistischen Westen. Fragestellung und Auseinandersetzung des sozialistischen Konfliktträgers erwachsen jetzt aus dem Differenzierungsprozeß des individuellen Bewußtseins und der individuellen Wertvorstellung. An der Bewältigung des Konflikts soll nun die Entfaltung der menschlichen Würde aufgezeigt werden. Aus dieser Einstellung heraus schließt der sozialistische Autor die Vertreter beider Seiten im Zwiespalt in das Lösungsgefüge mit ein, er läßt damit den zurechtgesetzten Opponenten nicht „auf der Strecke" und sieht darin die Vertretung der Menschenfreundlichkeit im dialektischen Prinzip. Die Überwindung des Gegners soll dabei echte Alternativen, nicht Dominanz darstellen, eine Einigung, die von Respekt und echter Menschenliebe, nicht aber von bloßem Mitleid bestimmt ist. Jede dem dialektischen Weltbild gemäß umgearbeitete Erfahrung wird somit zu einer Erscheinungsform sozialistischer Ethik. Das künstlerische Schaffen des sozialistischen Schriftstellers ist ästhetischer Ausdruck einer Suche nach der Etablierung eines Humanismus, der eine sich ständig weiter vervollständigende Emanzipation der Menschheit beabsichtigt. Dabei legt er diesem Prozeß der Verwandlung und dem tradierten Ideal neue Kriterien zugrunde: ethisches Verhalten ist nunmehr zwischenmenschliche Pflicht, sie ist gesellschaftspolitische Aufgabe jedes einzelnen Gesellschaftsmitglieds geworden.

ZUR FORSCHUNGSLAGE

Obwohl die Entspannungspolitik zwischen Ost und West in den letzten Jahren bedeutende Schritte unternommen hat, unterbleibt bis heute weiterhin ein ungefilterter intellektueller Austausch zwischen beiden ideologischen Herrschaftsbereichen; die sozialistische Seite empfindet eine derartige Annäherung wie eh und je als systemgefährdend. Auch die westliche Außenpolitik scheint sich mit dieser Haltung zu arrangieren. Wirtschaftspolitik und Sicherheitsfragen gelten als berechtigte gemeinsame Interessengebiete, während Äußerungen kritischen Denkens als unzulässige Einmischung in innerstaatliche Schwierigkeiten im Ausland unterbleiben sollen. Eine solche Ansicht vertrat z. B. die Bundesregierung, als sie Günter Grass am 4. September 1973 aus politischen Gründen nahelegte, nicht nach Moskau zu fliegen. Grass empörte sich darüber folgendermaßen: „Es zeichnet sich ab, daß die Entspannungspolitik, die ich mit unterstützt und begrüßt habe, sich mehr und mehr auf Kosten der Kulturpolitik entwickelt; daß gerade Leute, die in Ost und West sich für Entspannung eingesetzt haben, Schriftsteller wie Solschenizyn, Schriftsteller wie Heinrich Böll — und auch ich zähle mich dazu — die Leidtragenden dieser Entwicklung sind; daß hier eine Art metternichsche Übereinkunft stattfindet, daß alle zu schweigen haben, die mit ihren kritischen Zwischenrufen angeblich die Entspannungspolitik stören [128].

In der Repräsentation ihrer entgegengesetzten politischen Systeme scheinen die Bundesrepublik und die Deutsche Demokratische Republik dennoch der Welt das Mit- und Gegeneinander als Modellexperiment vorzuleben. Bereits weitaus differenzierter als im Überbau der Supermächte prägen sich hier nämlich Strategien aus, die auf einen harten, aber konstruktiven Leistungswettbewerb auf allen Ebenen abzielen, die durchaus eine dialektische Progression verspricht. So erkannte die Bundesrepublik schon Ende der fünfziger Jahre einen Nachholbedarf an Reformen, und in den sechsziger Jahren wurden dann Gesellschaftskritik, politische Bewußtwerdung, kritischer Marxismus und Innovationspläne zu Symptomen der

---

[128] Günter Grass in *Die Zeit*, Nr. 37, 14. Sept. 73.

sozialdemokratischen Denkungsart. Diese Wendung in den politischen Konzepten beruhte dabei nicht etwa auf kommunistischer Unterwanderung, sie war aber zweifelsohne ein Ergebnis der verstärkten Auseinandersetzung mit dem nachbarlichen sozialistischen System. Nicht Angleichung, sondern konkurrierende Orientierung setzte nun ein. Mit der rechtlichen Anerkennung der DDR schließlich nahmen Sichtung und Analyse des zweiten deutschen Staates erheblich zu. Zwar meiden auf dem Gebiet der Literaturwissenschaft viele Germanisten weiterhin die kritische Beschäftigung mit einer Literatur, die politisch verankert ist und eine ästhetisch kritische Betrachtung ohne politischen Einbezug kaum zuläßt. Es mußte ihnen somit entgehen, daß die DDR-Literatur unter dem Einfluß des dialektischen Denkschemas in den letzten Jahren eine völlig neue Poetik entwickelte.

Der Charakter der bisher im Westen erschienenen Publikationen zur DRR-Literatur ist vorwiegend allgemeiner Natur; Spezialuntersuchungen zu einzelnen Themen oder Autoren liegen erst wenige vor. Meist handelt es sich entweder um umfangreiche Gesamtdarstellungen der Kulturpolitik und Literatur der DDR oder um umfassende Abhandlungen zu den Gattungen Lyrik, Drama und Roman. Fast allen westdeutschen Arbeiten über dieses Schrifttum ist dabei gemein, daß sie dem sozialistischen Literaturschaffen generell negativ gegenüberstehen, daß sie die schriftstellerische Individualität darin geschmälert sehen, daß sie die SED-Richtlinien zur Kunstschöpfung als verengendes Dogma und eingebaute Zensur empfinden, und sie bringen deshalb dem Dissenscharakter einiger wagemutiger Autoren viel Raum und Sympathie entgegen, einer Dissensliteratur, die zwar nicht die sozialistische Forderung der gesellschaftlichen Verantwortung des einzelnen zu unterminieren sucht, sondern vielmehr Korrekturen am politischen Apparat innerhalb des kommunistischen Ideals anstrebt.

Eine lobenswerte Ausnahme in ihrer Unparteilichkeit und zugleich die ausführlichste Arbeit unter den westdeutschen Gesamtdarstellungen ist Konrad Franke: *Die Literatur der Deutschen Demokratischen Republik.* Kindler Verlag, München und Zürisch. 1971. 622 S. Der Band ist konzipiert als Teil einer im Kindler Verlag erscheinenden Literaturgeschichte der Gegenwart. Er beginnt mit einem sachlichen Abriß über die Kulturpolitik der DDR seit 1945 und den Reaktionen einzelner Schriftsteller dazu. Dies 192 Seiten umfassende, klare Eingangskapitel enthält sich aller Wertung und begleitet die Entwicklung der Vorgänge mit eingegliederten Dokumenten. Die Arbeit daran wurde im März 1971 abgeschlossen, und Franke zeigt keine Prognosen oder Ergebnisse der Kulturpolitik unter dem neuen

Parteivorsitzenden Erich Honecker auf. Der chronologische Ablauf der DDR-Kulturpolitik der frühen Jahre ist ziemlich vollständig abgehandelt, obwohl einige Verweise zum besseren Verständnis etwas weiter auszuführen wären. So der Hinweis auf die ablehnende Haltung der DDR gegenüber dem Strukturalismus, der Bezug auf Robert Havemann, die genauere Funktion des Johannes-R.-Becher-Instituts oder die Debatte um Georg Lukács. Auch ist die literaturtheoretische Diskussion vielleicht etwas zu kurz gekommen, wie der Begriff der „sozialistischen Persönlichkeit", die Konflikttheorie oder das Effektivitätsprinzip. Sehr wichtig und aufschlußreich sind dagegen die beiden dem kulturpolitischen Teil sich anschließenden Exkurse; der eine skizziert die der DDR-Kulturpolitik zugrunde liegende sozialistische Tradition von Marx, Engels und Lenin bis hin zum Programm des sozialistischen Realismus. Der zweite Exkurs gibt Einsicht in kulturpolitische Instanzen, in Verlagswesen und Leserverhalten.

Der nächste, größte Abschnitt setzt sich zusammen aus drei umfangreichen Genrekapiteln, jeweils unterteilt in Einzelportraits von Autoren, die ihrem Alter entsprechend drei Generationen zugeordnet sind. Diese Methode der Generationenteilung eignet sich sehr gut zur Erschließung der Literaturentwicklung in der DDR, die darüber hinaus hervorragend abgehandelt ist in den Vor- und Nachworten zu jeder Gruppe. Die erste Generation, meist vor 1914 geboren und nach den Hitlerjahren aus der Emigration zurückgekehrt, begann in den ersten Nachkriegsjahren antifaschistische Literatur zu schreiben, nach den Ursachen für das Versagen des deutschen Volkes zu fragen und die demokratische Erneuerung Deutschlands zu fordern. Alle die hierher gehörenden Schriftsteller suchten die Veränderung, die meisten waren aber den vorangegangenen literarischen Strömungen noch zu stark verbunden, um das politisch Neue auch neuartig formulieren zu können; nur wenigen gelang es. Als überragende Gestalten, die deshalb qualitativ zu Ahnherren werden konnten, sieht Franke vor allem Becher, Brecht, Huchel, Seghers und Strittmatter. Die zweite Generation umfaßt dann nach Franke etwa die Jahrgänge 1915 bis 1930. Auch sie hat den zweiten Weltkrieg noch bewußt miterlebt, sie brauchte jedoch nicht gegen die eigene literarische Vergangenheit anzukämpfen, denn für sie fiel der Beginn der neuen Ordnung zusammen mit jenem wachsenden Bewußtsein, DDR-Bürger zu sein. Das zweite wesentliche Thema neben dem Krieg ist dieser Generation das der „Ankunft" eines neuen Menschentyps im neuen Staate DDR, das heißt die Wandlung vom unpolitischen zum bewußt politisch handelnden Menschen. Führende

Gestalten dieser Autorengruppe sind: Hermlin, Fühmann, Bobrowski, de Bryn, Kant, Ch. Wolf, Hacks und Müller. Zur dritten Generation zählt Franke jene Schriftsteller, für die nicht mehr der Krieg das prägende Erlebnis war, sondern die Aufbauzeit der DDR, das Ergebnis gewandelten Bewußtseins, die Entwicklung einer sozialistischen Gesellschaftsordnung, die die Bedingungen für die Entfaltung einer sozialistischen Persönlichkeit gewährleistet. Ihnen ordnet Franke folgende Autoren zu: Kunert, Kunze, Mickel, S. Kirsch, Neutsch, Schneider, Bieler, Nowotny, Bräunig, Jendryschik, Biermann, Braun und Lange. Die Einzelportraits von insgesamt 250 Autoren in den drei Genrekapiteln zeichnen sich im allgemeinen aus durch prägnante Inhaltszusammenfassungen, durch präzise biographische Daten und durch ein sicheres kritisches Urteil des Verfassers. Die bei der Fülle notwendig verknappten Interpretationsskizzen geben nirgends den Eindruck unfundierter Oberflächlichkeit, jedoch verführt ihre Kürze gelegentlich zu nicht ganz ausgewogenen Behauptungen oder zu Unvollständigkeiten. Dennoch sind diese Darstellungen als Einführung und zum Überblick unübertroffen. Im Anhang werden sie darüber hinaus übrigens noch einmal durch alphabetisch angeordnete Kurzbiographien ergänzt.

Betrachtet man die einzelnen Genreteile jeweils als einheitliches Ganzes, so entsteht vor allem durch die Sachlichkeit der Darstellung der Eindruck, daß Franke der DDR-Literatur nicht ohne Anerkennung und mit Zuversicht gegenübersteht. Es wird aber auch klar, daß er generell mehr Vertrauen setzt in die selbständige Erarbeitung sozialistischer Literatur von seiten der Schriftsteller als in kulturpolitische Lenkung und Anleitung von Parteitheoretikern. So sieht Franke in der Lyrik eine erhöhte Komplexität sich entwickeln, indem nämlich eine große Zahl begabte Lyriker, bei aller Absage an formale Experimente, eine dialektische Spannung zwischen Subjekt und Objekt zunehmend ins Gedicht einbezieht. Auch im sozialistischen Drama sähe Franke Hoffnung und Talente, wenn „die Kulturpolitiker nur mehr Vertrauen zur Unterscheidungsgabe und Fassungskraft von Autoren und Publikum hätten" (561). Hier verrät sich auch Frankes Forderung nach einer kritischen Auflösung des Dogmas. In der Prosa muß er jedoch Stagnation und sogar Rückfälligkeit feststellen; allerdings hat er dazu die hier besprochenen, nach Frankes Arbeit erschienenen Romane von Jakobs, Kant, Neutsch oder Reimann nicht mehr einsehen können. Sie hätten wahrscheinlich auch ihn dieser Gattung gegenüber optimistischer gestimmt. Frankes Gesamtdarstellung ist ausgesprochen wertvoll als Einführungs- und Nachschlagewerk und wird wohl auf lange Zeit unübertroffen bleiben.

Sie ist sorgfältig erarbeitet und angenehm sachlich und dokumentarisch mit interessanten Illustrationen präsentiert.

Auf eine ebenfalls geschlossene Darstellung der Literatur in der DDR zielt Werner Brettschneider: *Zwischen literarischer Autonomie und Staatsdienst*. Erich Schmidt Verlag, Berlin. 1972. 321 S. Brettschneiders Einführung in die kulturpolitischen Zusammenhänge beruht weniger auf politischen Dokumenten als auf einer subjektiven Auseinandersetzung im Vergleich zur literarischen Situation Westdeutschlands. So sieht er den Vorwurf des Ästhetizismus, des Formalismus, der Unverbindlichkeit und des Nihilismus, den die Literaturkritik der DDR stereotyp gegen die Literatur des Westens erhebt, als fragwürdig, bestenfalls vorgestrig und aus der Waffenkiste des kalten Krieges hervorgekramt. In seinem feinfühligen Vorwort ist er sich jedoch darüber klar, daß eine Kulturgesellschaft, die künstlerische Werte primär als Gebilde aus ästhetischen Intentionen betrachtet, zu anderen Werturteilen gelangt als die, die künstlerische Werke vornehmlich auf ihre Funktion im Leben der Gesellschaft prüft. Der Maßstab, den Werner Brettschneider aber in der eigenen Untersuchung anwendet lautet: je stärker die Individuation, desto höher die künstlerische Qualität. Der autonome Charakter solcher Werke innerhalb der DDR-Literatur, die zumeist im Widerspruch zur staatsdienstlichen Forderung stehen, prägt somit die Auswahl der abgehandelten Beispiele. Dies stellt eine wertvolle, qualitative Sondierung dar, bedeutet aber keinen repräsentativen Einbezug der eigentlichen DDR-Literatur.

Die Überbetonung des Dissenscharakters ist vielleicht in der Abhandlung der Lyrik am deutlichsten. Der am 18. und 19. Jahrhundert orientierten und vielfach epigonenhaften Generation (Arendt, Becher, Huchel, Maurer, Hermlin und Bobrowski), die den Anschluß an die neuen politischen Bedingungen nicht gefunden hatte, stellt Brettschneider die gegenwartsbezogene Generation gegenüber (Kunert, Kunze, S. Kirsch, Greßmann, Braun und Biermann), die nicht in einer Gesellschaftslehre, sondern im Niederschlag ihres Bewußtseins, in der Selbstbehauptung ihres lyrischen Ichs, in provozierender Skepsis und in der Forderung nach Veränderung ihre Antwort sehen. Eine Kontrastierung zur eigentlichen DDR-Lyrik, wie sie in den offiziellen Anthologien erscheint, ist nicht gegeben.

Der jeder Genrebesprechung vorausgehende Vergleich zur westlichen literarischen Situation, die präzisen, summierenden Gegenüberstellungen östlicher und westlicher Haltungen, die Exkurse in Trivialliteratur und Parabel, das Aufzeigen von bestimmten übergeordneten Motiven wie das des Prozesses und des Baus, machen das Buch zu einer intelligenten Untersuchung. Darüber hinaus geben Ansichten des Verfassers Anstoß zu weiteren Überlegungen, so zum Beispiel die Frage, ob das Unterfangen, Literatur als Aussage des Zeitgeists zu untersuchen, dahin tendiert die Methodik der DDR-Pragmatik zu übernehmen, insofern sie ausgewählte Phasen der sozialen Entwicklung überbetont. Vielleicht liegt jedoch gerade hier wieder ein Unterschied der westlichen und östlichen Denkungsart: Literatur einmal als Medium einer dialektischen Geschichtsprogression, zum anderen als Niederschlag von epochalen Bewußtseinsstrukturen.

Auch ist das Buch ausgestattet mit einem Werkverzeichnis der Autoren, mit einer Aufzählung der in Westdeutschland erschienenen Ausgaben und mit einer bis auf den Stand von 1971 gebrachten Bibliographie, was mit dazu beiträgt, dieses Werk zu einer anspruchsvollen wissenschaftlichen Studie zur Literatur der DDR zu machen.

Ein Standardwerk zu DDR-Literatur lieferte auch Fritz J. Raddatz: *Traditionen und Tendenzen. Materialien zur Literatur der DDR.* Suhrkamp Verlag, Frankfurt/Main. 1972. 696 S. Auch diese Arbeit gliedert sich in drei große Gattungsabschnitte, denen ein anspruchsvolles, 160 Seiten langes Einleitungskapitel vorangeht. Darin untersucht Raddatz die Auseinanderentwicklung der Sprache in beiden Ländern und befaßt sich mit der Entwicklung der sozialistischen Kunsttheorie. Er kommt zu dem Schluß, daß es zwei deutsche Literaturen gibt. Raddatz' Bemerkungen zu den Debatten zur Kunsttheorie zwischen Seghers und Brecht mit Lukács und dessen „revisionistischem" Sturz sind sehr wichtig und machen zugleich bewußt, daß eine ausführliche Untersuchung über Rezeption und Widerspruch dieser überragenden Kulturtheoretiker noch aussteht. Polemisch reagiert Raddatz auf die in den Endfünfzigern einsetzende Engführung der Literatur, jene Synchronisierung von Kunst und Parteipolitik, von Schriftstellern und Basis. Diese Einstellung verführt ihn manchmal zu einer eher einseitigen Auswahl, insofern er „parteihörige" und damit die eigentlichen DDR-Schriftsteller wie zum Beispiel Neutsch, Stolper oder Wogatzki aus seiner Literaturbesprechung kurzerhand ausläßt.

In den Essays zur Lyrik unterscheidet Raddatz wie fast alle Gesamtdarstellungen zwischen zwei Generationen. Er nennt einerseits die politischen Weltanschauungsdichter, die in einer vom Klassizismus geprägten Literaturtradition schreiben (Becher, Arendt, Huchel, Maurer) und in allen westlichen Kritiken mit schonender Toleranz besprochen werden, und andrerseits jene gegenwartsbezogenen Protestlyriker (S. und R. Kirsch, Kunert,

Braun, Biermann, Bobrowski, Wiener und Mickel), denen westlicherseits ebenfalls viel Sympathie entgegengebracht wird. Kurz und scharf formuliert Raddatz sein Urteil über Kuba und über Weinert: an der Lyrik des einen kritisiert er die Abwendung von der Innerlichkeit zugunsten des Parteiauftrags, und die ephemeren Agitpropgedichte des anderen haben als umgesetzte Tagespolitik keinen künstlerischen Anspruch zu erheben. Darüber hinaus hält Raddatz den für die junge Generation von der Partei propagierten Begriff „Neues Lebensgefühl" für parodienreif, denn kennzeichnend für ihre literarische Qualität sei vielmehr existentielle Anfälligkeit, Erfahrbarkeit von Verzweiflung und Einsamkeit sowie ihre subjektive Reflexion.

Ähnlich widmet Raddatz in der Darstellung der Prosaliteratur den Altkommunisten (Seghers, Renn, Bredel, Zweig, Fühmann) ihren KP-Schicksalen in den zwanziger Jahren und ihrem Exil viel faktische und reverente Erläuterung, was darauf verweist, daß das eigentliche, übergeordnete Thema des Buches die sozialistische Tradition ist. In dem Kapitel „sozialistisches Biedermeier" verurteilt Raddatz die jüngeren Autoren Schneider, Kant, Noll und de Bruyn als leichtfertige Routiniers, parodistisch spielerisch, unzugänglich für Zweifel oder gar Verzweiflung, die Kritik als kritische Mätzchen betreiben, schnoddrige Wortduschen abgeben, Literatur mit Gerede verwechseln und für alles Unerwartete mit geradezu tödlichem Determinismus undurchlässig sind. Ihnen stellt er Strittmatter, Wellm, Becker, Reimann, Wolf, Bieler und Fries anerkennend gegenüber, da sie menschliche Verzagtheit, Schwermut und Vergeblichkeit nicht negieren, vielmehr den Rückzug von der Welt wählen, dazu zuchtvolle Simplizität und Phantasie besitzen und intensive, zermürbende Konflikte nicht scheuen.

Raddatz' Besprechung der DDR-Dramatik beschränkt sich auf die Dramen von Hacks, Baierl, Lange (der seit 1965 in West-Berlin lebt), Braun, Müller und wirft einen kleinen Seitenblick auf die von Wolf. Im Gegensatz zu den meisten Untersuchungen dieser Art bezieht sich die Abhandlung nicht auf die starke Brechtnachfolge dieser Dramatiker, sondern konzentriert sich hauptsächlich auf ihre Theorien des überhöhten Individuums und auf Mythosbearbeitungen, durch die sie Geschichtsstrukturen illustrieren. Die Auswahl der Autoren beschränkt sich somit bei Raddatz auf solche, deren Stücke ein kritisches sozialistisches Bewußtsein zu formulieren suchen und somit wieder zu der in der DDR meist verbotenen oder doch abgelehnten Dissensdichtung gehören. Es ist evident, daß der Verfasser seiner Arbeit Wertmaßstäbe zugrunde legt, die die DDR-Literatur favorisieren, wo sie systemkritisch, selbstbewußt und leistungsethisch erscheint, und sie ablehnen, wo sie sich parteikonform integriert.

Eine sehr eigenwillige Untersuchung legt Hans-Dietrich Sander vor mit *Geschichte der Schönen Literatur in der DDR*. Verlag Rombach, Freiburg. 1972. 354 S. Dietrich Sanders äußert die Meinung, daß der sozialistische Realismus in seinem Ursprungsland, der Sowjetunion, bereits seit 1952 den absoluten Herrschaftsanspruch verloren habe; ebenso seit 1955 in anderen Ländern wie Polen und Ungarn. Wie dem auch sei, hat die Literatur die Grundsatzregeln des sozialistischen Realismus strikter in der DDR als andernorts befolgt. Insofern, so glaubt Sanders, habe die DDR-Literatur nicht nur die Eigengesetzlichkeit der Kunst zugunsten einer Planungskunst aufgehoben, sie habe auch die Bedingungen der ursprünglichen kommunistischen Kunst verändert. Sei letztere wenigstens noch eine engagierte Literatur gewesen, so habe sie sich unter SED-Lenkung zu einer angestellten und anstelligen Literatur entwickelt. Auswirkungen einer derartigen Vergesellschaftung resultierten in einem geradezu fetischistischen Staatsbegriff, in einer Apologie der Sachverhalte, die das Mißverhältnis zur Realität, nach Ansicht des Autors ohnehin eine traditionelle Charakteristik der deutschen Literatur, weiter aufrechterhielt. Nur im ersten Jahr der Republik sowie während der Phase des Neuen Ökonomischen Systems war von seiten der Schriftsteller eine Verbundenheit zur Partei erkennbar. Sanders berichtet: „Da das NÖS die Wirtschaft der DDR aus ihrer Malaise herausführte und Demokratisierungstendenzen zeigte, glaubten sich viele Schriftsteller zum ersten Mal auch mit dem Volk verbunden. Der Kommunismus erschien ihnen sehr real, wie Brecht es in der ‚Mutter' gesagt hatte, als eine Sache, die schwer zu machen ist, aber eben zu machen ist. So schien die Literatur im NÖS, was es bisher in der DDR nicht gegeben hatte, alle Interessenten zu befriedigen: die Schriftsteller, die sie machten, die Partei, die sie nach wie vor zu planen trachtete, und das Publikum, das sie nun auch wirklich las. Diese Periode dauerte bis in das Jahr 1965" (S. 211). Die Simulacra schienen also der Wirklichkeit angeglichen und die genormten Verhaltensweisen durch reelle Anschauungen ersetzt. Doch die relativen Freiheiten des NÖS wurden bald von den Schriftstellern als unzureichend empfunden, und die Partei schlug zurück, um einer potenziellen Dissenshaltung zuvorzukommen. Von diesem Zeitpunkt an sieht Sanders die Autoren der DDR auf einen surrogativen oder partikularen Weg sich zurückziehen, ein in seinen Augen ebenfalls typisches Symptom der deutschen Literaturtradition. Sanders geht nämlich von der literaturtheoretischen Vorstellung aus, daß Ersatzwelt und Provinz ein historisch bedingtes Grundgesetz der Repräsentationslosigkeit der deutschen Literatur ist. Ein Anspruch auf repräsentative Nationalliteratur käme nach seiner Ansicht vielleicht dann zustande, wenn ähnlich wie im NÖS wieder eine relative Lockerung als Folge wirtschaftlicher Stagnation in der DDR eintrete. Oder wenn der „grassierende Schwund" des nationalen Bewußtseins in der BRD weiter anhalten sollte, und die Parteidiktatur in der DDR in ein Staatswesen überführt würde, lasse sich auf eine wachsende Faszination der Bundesbürger rechnen, das entstandene Vakuum zu füllen. Dieser Abschluß zeigt auf, daß Sanders den geschichtlichen Beitrag der deutschen Literatur an sich als provinziell und irrelevant geringschätzt, das literarische Zwischenspiel in der DDR als leicht manipulierbare Folgeerscheinung der geschichtlichen Bedingungen aufdeckt und der Zukunft sarkastisch eine deutsche Nationalliteratur in Aussicht stellt.

Eine der jüngsten Arbeiten zum Thema DDR-Literatur liefert Manfred Jäger mit dem Buch *Sozialliteraten. Funktion und Selbstverständnis der Schriftsteller in der DDR*. Bertelsmann Universitätsverlag, Düsseldorf, 1973. 239 S. Diese Untersuchung reiht sich in jene neue Forschungstendenz ein, die nicht mehr vom ideologischen *Soll* der Kulturpolitik auf das sozialistische *Ist* der schriftstellerischen Praxis schließt. Jäger ist der Überzeugung, die Eigenentwicklung der Künste sei auch für die DDR ein Emanzipationsprozeß, „der sich durch administrative Maßnahmen allenfalls beeinflussen und kanalisieren, aber nicht stoppen oder zurücknehmen läßt". Es geht Jäger somit nicht darum, aufzuzeigen, was gemeinsame Grundüberzeugung der DDR-Schriftsteller sein könnte, sondern darum, das Selbstverständnis einzelner Autoren zu ermitteln. Seine Prämissen erfüllt er derart, daß er, wie die Sekundärliteratur vor ihm, den kritischen Aspekt und damit den Konflikt einiger Autoren zur offiziellen Kulturpolitik herausstellt. Im Kapitel über Christa Wolf verfolgt Jäger z. B. sehr fundiert die zunehmende „Erkundung der Wahrheit", die schließlich zu dem unorthodoxen Roman *Nachdenken über Christa T.* führte. Die Reiner-Kunze-Studie zeichnet den Dichter als Verteidiger der Poesie im Sinne von dichterischer Genauigkeit anstelle der kulturpolitischen Forderung der Effektivität. Der Volker-Braun-Aufsatz zeigt auf, daß dieser Lyriker in der DDR erst in letzter Zeit rehabilitiert wurde, nachdem man ihn des Anarchismus, der Wortinflation, des Vorschubs eines Generationskonflikts, des Monologisierens und des Subjektivismus bezichtigt hatte. Anschließend wird Biermanns Entwicklung unter dem seit 1965 bestehenden Schweigeverbot untersucht. Jäger macht dabei die interessante Beobachtung, daß sich dem einstigen agitatorischen Impuls eine Note der Skpesis beigestellt hat, die Machtlosigkeit des Wortes wird von Biermann einbekannt, das Lied in den Verfallsprozeß der Dinge miteinbezogen.

Neben diese Autorenporträts reiht Jäger einen Essay über Wolfgang Harich, jenem „revisionistischen" Herausgeber der *Zeitschrift für Philosophie* aus der Tauwetterperiode der fünfziger Jahre, der mittlerweile aus seiner einstigen kritischen Haltung zu einer systemkonformen übergewechselt ist. Neuartig und einblicksreich ist auch die Studie über Brecht und seine Rezeption in der DDR bis heute. War dieser damals in die Kontroverse der Formalismusdebatte geraten, so empfindet man seine Verfremdungstechnik heute als überholt, insofern diese Art der antagonistischen Konfliktgestaltung als Merkmal spätbürgerlicher Auseinandersetzung gilt; Brecht wird dementsprechend in die Ahnenreihe der Klassiker eingereiht. Unter die der DDR zugehörigen Autoren rückt Jäger übrigens auch den im Westen ansässigen Sympathisanten Peter Weiss, der bei aller Anerkennung der Ziele im Sozialismus dennoch subjektiv bezogener Sozialist bleibt: „kritisiert und angegriffen werden muß immer wieder der Überbau. So wie wir in der westlichen Welt den Überbau von Verlogenheit angreifen, so wird auch in der sozialistischen Welt immer wieder das angegriffen werden müssen, was sich mit Dogma und Verknöcherung gegen die eigenen Grundprinzipien richtet." Wie aber Weiss mit Einschränkungen sozialistisches Gedankengut für sich annimmt, so nimmt auch die DDR nach ihren eigenen Gesichtspunkten bearbeitete Weiss-Dramen in ihr Repertoire auf (Marat/Sade und Hölderlin).

Im letzten Kapitel des Buchs wird schließlich noch der Aspekt von Humor und Satire am Beispiel des politischen Kabaretts in der DDR aufgegriffen. Jäger diskutiert dort die Eingliederung dieser Gestaltungsmittel in die marxistische Theorie des Komischen und deutet auf die Limitierung, die sich innerhalb einer Bestätigungsliteratur daraus ergeben. Alles in allem ist Jägers Buch, wie die meisten frühen zum Thema DDR-Literatur, der kritischen Mitsprache des Künstlers gewidmet. Neuartig sind dabei einige der Ausgangspunkte, von denen der Autor das Thema angeht.

Neben den westdeutschen Untersuchungen zur Literatur der DDR liegt auch ein von ostdeutschen Germanisten verfaßter Band zu den zeitgenössischen Autoren ihres Landes vor: *Literatur der DDR in Einzeldar-*

stellungen, herausgegeben von Hans Jürgen Geerdts. Alfred Kröner Verlag, Bd. 416. Stuttgart. 1972. 571 S. Diese Arbeit macht deutlich, inwieweit der sozialistische Literat und Interpret einer übergeordneten Literaturtheorie verpflichtet ist. Die Werkdeutung prüft den kreativen Niederschlag vorwiegend auf seinen sozialistischen politischen Inhalt hin und befaßt sich mit der Form, insofern sie diesem Inhalt Gewicht verleiht. Dennoch sind die vorliegenden Essays, wenn auch standpunktdeterminiert, als germanistische Darlegung zu respektieren; sie schließen sozialistisches Gedankengut auf und vermeiden undifferenzierte Parteirhetorik.

Hans Jürgen Geerdts, ein prominenter Greifswalder Germanist, gibt in seinem Einleitungsessay Aufschluß über die Eigenarten der sozialistischen Literaturwissenschaft. Auf seine Ausführungen folgen 27 Interpretationen. Zu klassischen Leitbildern gewordene Schriftsteller wie Brecht, Becher, Seghers werden reverent und einwandlos geschildert, ihre Entwicklung zur sozialistischen Weltanschauung innerhalb ihres Werkes als kohäsiv fortschreitend erläutert, als immer danach bestrebt, die gesellschaftlichen Veränderungsmöglichkeiten aufzudecken. Bei jüngeren Autoren wie Kunert, Hacks oder Christa Wolf wird gelobt, daß sie Wirklichkeitskonzentrate zu schaffen vermögen, die Dinge beziehungsreich aufzuschließen verstehen, die Gegenwart hereinnehmen. Doch gleichzeitig wird ebenfalls auf ihre Fehler verwiesen: bei Kunert auf eine Ambivalenzdogmatik, die ohne dialektische Konsequenz einem mechanischen Determinismus zu verfallen drohe; bei Hacks wird die Überbetonung von Sarkasmen und Grotesken gerügt, die das ästhetische Maß der Funktion überschreiten, sowie sein Außerachtlassen von Alternativen und Perspektiven in der Handlung; bei Wolf fehle in *Nachdenken über Christa T.* die kritische Sicht auf die gestalteten Personen und Vorgänge. Trotz dieser beanstandeten Mängel wird allen genannten Autoren die innere Zugehörigkeit zur sozialistischen Literatur zugestanden. Nicht jedoch Wolfgang Biermann; er wird nirgends erwähnt. Den Einzeldarstellungen sind immer eine kurze Biographie des besprochenen Autors, Hinweise auf seine Veröffentlichungen und Sekundärliteratur zu seinem Werk nachgestellt.

Diejenigen Abhandlungen, die sich ausschließlich mit der Lyrik in der DDR befassen, urteilen zumeist nach Maßstäben, denen Sprachautonomie und Privatbezug als gültige Genregesetze zugrunde liegen. Infolgedessen weisen alle Interpretationen zur DDR-Lyrik dasselbe Symptom auf, daß sie nämlich über eine recht unrepräsentative Auswahl referieren. Hierher gehört auch: John Flores, *Poetry in East Germany: Adjustments, Vi-*

sions, and Provocations 1945–1970. New Haven and London. Yale University Press, 1971. 354 S. Der Verfasser läßt zwei Drittel seines Buchs von vier Lyrikern bestimmen, die im öffentlichen literarischen Leben der DDR keine Rolle spielen: Huchel hat seit Erscheinen der Arbeit die DDR verlassen, Bobrowski starb 1965, Hermlin und Fühmann haben seit Ende der fünfziger Jahre nur wenige Gedichte mehr geschrieben. Selbst wenn man mit der These übereinstimmt, daß diese Lyriker sich gegen die erzwungene Gleichmacherei auflehnten, die poetische Sprache wieder von der alltäglichen lösten und die poetischen Dimensionen von Mythos und Vision, von Innerlichkeit und Zweideutigkeit wieder eingeführt haben, rechtfertigt sie doch nicht die allumfassende Themastellung: DDR-Lyrik. Eine repräsentative Analyse der DDR-Lyrik sollte sich eingehend mit den offiziellen Anthologien befassen; es dürfte ein Name wie J. R. Becher in der Besprechung nicht fehlen, und die jüngeren Lyriker wären, über den guten Ansatz bei Flores hinaus, ausführlicher zu behandeln.

Ähnlich wie Flores verfährt Gregor Laschen in *Lyrik in der DDR.* Athenäum Verlag, Frankfurt/M. 1971. 166 S. Lyrik in der DDR wird hier aus der „Sprachlichkeit" des jeweiligen Werkes betrachtet, wobei Sprachbestand und Sprachmöglichkeit an dem autonomen Sprachbewußtsein des Dichters gemessen ist. Diese methodische Voraussetzung wird fraglich, wenn sie sich auf eine Literatur bezieht, die aus marxistischer Sicht geschrieben ist und lyrische Individuation marxistischer Verpflichtung der Allgemeinverständlichkeit konträr läuft. Die Autoren, die Laschen im Großteil bespricht, mögen wohl seinen Anforderungen standhalten, bedeuten aber eine Antinorm und stellen keine typische Repräsentanz von DDR-Lyrik dar. Im Falle Arendts, Huchels, Maurers, Hermlins, Fühmanns und Cibulkas werden Autoren interpretiert, deren literarische Prägung vor der DDR-Entwicklung lag und traditionsbestimmt blieb. Den jüngeren, nach Laschen noch im lyrischen Frühstadium, widmet er sechs Seiten; er sieht sie übernommenen Sprechmustern verbunden (Villon, Klopstock, Heine) und dem eigenen Pathos unterlegen. Doch spricht er ihnen die Möglichkeit einer zukünftigen, sprachreflexiven Aussage nicht ab. Unnötig Gewicht verleiht er Übergangserscheinungen in den beiden Exkursen im Anhang zum Bitterfelder Weg und über den Heldenkult.

Über das DDR-Drama arbeitet Heinz Klunker in seinem Buch *Zeitstücke — Zeitgenossen. Gegenwartstheater in der DDR.* Fackelträger-Verlag, Hannover. 1972. 235 S. In der Forschung wird die Theaterliteratur meist aus der Perspektive des Lesestücks angegangen; im Falle der DDR-

Dramatik ist es dazu noch besonders schwierig, die Aufführungspraxis mit in Betracht zu ziehen. Klunkers Buch zeichnet sich aber gerade dadurch aus, daß er erweiterte Bezüge in seine Überlegungen zur DDR-Dramatik eingebracht hat. So berichtet er über die Rezeption von Stücken beim Publikum, wo Textanspielungen zu Ventilen einer unausgesprochenen Protesthaltung wurden oder wo die Konvention gegenüber dem Experiment Kritik auslöste. Ein Kapitel ist der Regienachfolge Brechts gewidmet, und zwar den Inszenierungen bekanntgewordener DDR-Chefregisseure wie Manfred Wekwerth, Ruth Berghaus und Benno Benson. Andere Abschnitte verfolgen ausländische Stücke auf den Bühnen der DDR, so das sowjetische Revolutionsdrama, dem im „Lande einer nur geborgten und von Beginn an administrativen Revolution", so äußert Klunker, die Wirkung versagt blieb. Als einzige Ausnahme zitiert er *Unterwegs* von Victor Rosow, einem anspruchsvollen, zornigen jungen Opponenten, der seine Gesellschaft zu einer konstruktiven Auseinandersetzung herausfordert. Auch westdeutsche Dramen, die im Ostspielplan erscheinen, erörtert Klunker eingehend, vor allem die sozialistische Adaption von Peter Weiss' *Marat/Sade.* Der nach ostdeutscher Auffassung sich darin abzeichnende Geschichtspessimismus wird in neuer Regiekonzeption als Beispiel des gesellschaftlichen Fortschritts umstrukturiert.

Neben solchen Teilaspekten bespricht der Verfasser natürlich auch die eigentliche Dramenproduktion in der DDR und bevorzugt, wie alle westlichen Kritiker, die in der DDR so erfolglosen Stücke von Hacks, Müller und Braun. Er ignoriert aber deshalb nicht Gegenkandidaten wie Kerndl, Salomon und Kuba, stellt jedoch ihrem politischen Gebrauchsdrama den humanen Utopismus entgegen, der das Bestehende an der Wirklichkeit und Möglichkeit mißt. Die beigefügten Zeitungsrezensionen zu Aufführungen und die reichhaltigen Fotos von Bühnenbildern verleihen dem Buch Authentizität und Anschaulichkeit und runden die Arbeit zu einem umfassenden Einblick in dieses Genre.

Zum Roman liegt eine kleine, aber anregende Hochschulschrift vor von Thomas Feitknecht: *Die sozialistische Heimat. Zum Selbstverständnis neuerer DDR-Romane.* Verlag Herbert Lang & Co AG, Bern und Frankfurt/M. 1971. 102 S. Feitknecht erklärt das besprochene Selbstverständnis als ein in allen DDR-Romanen grundsätzliches Einverständnis mit der politischen Realität des Sozialismus. Die Essays zu den einzelnen Romanautoren versuchen diese politische Stellungnahme aufzuzeigen, ohne aber die abweichenden Nuancen zu übersehen. Dementsprechend gehe

Bobwrowski zwar eindeutig von einem sozialistischen Ansatz aus, jedoch vom Negativ einer korrumpierten bürgerlichen Gesellschaft und nicht vom Programm der sozialistischen Entwicklung, vom historischen Milieu und nicht vom gegenwärtigen. Entsprechend besteht auch Fühmanns Ideal der Übereinstimmung zwischen dem Individuum und seiner zur Lebenssphäre gewählten Gesellschaft nicht ohne die Einsicht, daß der Mensch selbst im Sozialismus die Entfremdung nicht völlig zu überwinden vermag. Und Kants Identifikation mit dem DDR-Staat schließt die Erwartung auf Änderung mit ein. Auch Parteisekretär Horrath bei Neutsch sowie Wunschgetreu bei Strittmatter sieht Feitknecht als typische Vertreter einer in vielem unsicher gewordenen, kritischen mittleren Generation, die Ideologien und Idealen nicht mehr bedingungslos traut. Das übergeordnete Thema diskutiert somit die Möglichkeit einer Darstellung politischer Probleme in der Literatur. Der Autor ist davon überzeugt, daß das literarische Engagement — hier zur DDR — nicht notwendigerweise zur künstlerischen Beeinträchtigung führen muß. Es bleibt somit in der DDR-Literatur zu unterscheiden, wo es sich um ephemere Tendenzstücke handelt und wo das politische Engagement in künstlerischer Aussage sich niederschlägt. Dies anzuregen ist das Hauptanliegen dieser Studie.

Neben den Gesamt- und Genredarstellungen zur Literatur in der DDR ist zur Erarbeitung der literaturtheoretischen und kulturpolitischen Voraussetzungen des Sujets vor allem das nachfolgende Buch unerläßlich: Elimar Schubbe: *Dokumente zur Kunst-, Literatur- und Kulturpolitik der SED*. Seewald Verlag, Stuttgart, 1972. 1813 S. Es handelt sich um eine ausgewählte Quellensammlung der wesentlichen Texte zur Kunstpolitik Ostdeutschlands. Sie ist chronologisch angeordnet und reicht von 1946 bis 1970. In 440 Dokumenten wird die parteiamtliche Zielsetzung führender Kulturfunktionäre (Abusch, Girnus, Hager, Kurella) und Persönlichkeiten des politischen Lebens (Grotewohl, Ulbricht, Honecker, Gysi) aufgezeigt sowie die Reaktion ostdeutscher Künstler und prominenter Kunstwissenschaftler (Hochmuth, Koch, Mittenzwei) auf diese richtungweisenden Beschlüsse.

Der Sammlung hat Schubbe eine nur siebzehn Seiten lange Einleitung vorangestellt, die sich aber intensiver mit den literaturtheoretischen Bedingungen des sozialistischen Schrifttums befaßt als manche Darstellung. Er definiert den sozialistischen Realismus anhand von vier Gestaltungsprinzipien — Lebensechtheit, Volkstümlichkeit, Darstellung des Typischen und sozialer Optimismus. Gut ist auch der straffe Überblick über die wichtigsten Stationen der Kulturpolitik mit Verweisen auf die wesentlichen entsprechenden Dokumente. Die Einstellung des Herausgebers spricht sich offen gegen eine dogmatische SED-Kulturpolitik aus, bringt aber jenen Schriftstellern, die sich zum Sozialismus bekennen, viel Verständnis entgegen, insofern er glaubt, daß bei ihnen Wahrhaftigkeit, Menschlichkeit und Freiheit ihren ursprünglichen Sinn behalten haben. Deshalb ist seine Auswahl von Dokumenten eine einsichtsreiche Mischung offizieller Dogmen und individueller Stellungnahmen. Im übrigen ist diese kulturpolitische Quellensammlung deshalb besonders wertvoll, weil vieles darin sonst äußerst schwer zugänglich ist.

AUSWAHLBIBLIOGRAPHIE

Auswahlbibliographie

Abusch, Alexander: *Humanismus und Realismus in der Literatur. Aufsätze.* Leipzig, 1973.
Ders.: „Kunst, Kultur und Lebensweise in unserem sozialistischen deutschen Nationalstaat". *Einheit* 6, 1971.
Barck, Karlheinz: „Revolutionserwartung und das Ende der Literatur. Zur Kritik der Ideologie der Neuen Linken". *Revolution und Literatur.* Hg. W. Mittenzwei und R. Weisbach. Leipzig, 1971.
Batt, Kurt: *Die Exekution des Erzählers. Westdeutsche Romane zwischen 1968 und 1972.* Frankfurt a. M., 1974.
Bilke, Jörg Bernhard: „Die zweite deutsche Literatur". *Die Welt der Bücher* 7, 1967.
Ders.: „DDR-Literatur, Tradition und Rezeption in Westdeutschland". *Deutschunterricht.* Beilage zu Heft 5, 1969.
Ders.: „Auf den Spuren der Wirklichkeit". *Deutschunterricht* 5, 1969.
Ders.: „Planziel Literaturgesellschaft oder Gibt es zwei deutsche Literaturen?" *Aus Politik und Zeitgeschehen.* Beilage zu *das parlament.* 18. Dez. 1971.
Ders.: „Magere Ernte zum 25. Geburtstag". *Deutsche Studien* 48, 1974.
Brettschneider, Werner: *Zwischen literarischer Autonomie und Staatsdienst. Die Literatur der DDR.* Berlin/BRD, 1972.
Dau, Rudolf: „Erben oder Enterben". *Weimarer Beiträge* 7, 1973.
Demetz, Peter: *Die süße Anarchie. Deutsche Literatur seit 1945.* Berlin, 1970.
Ders.: „Wandlungen der marxistischen Literaturkritik: Hans Mayer, Ernst Fischer, Lucien Goldmann". *Der Dichter und seine Zeit.* Stuttgart, 1970.
Dietze, Walter: *Reden, Vorträge, Essays.* Leipzig, 1972.
Endler, Adolf: „Im Zeichen der Inkonsequenz". *Sinn und Form* 6, 1971.
Fabig, Wolfgang: „Greif zur Feder, Kumpel!" *Deutsche Fragen* 1 und 2, 1969.
Feitknecht, Thomas: *Die sozialistische Heimat. Zum Selbstverständnis neuer DDR-Romane.* Bern und Frankfurt a. M., 1971.
Fischer, Ernst: *Kunst und Koexistenz. Beitrag zu einer modernen marxistischen Ästhetik.* Rheinbeck, 1966.
Flores, John: *Poetry in East Germany. Adjustments, Visions and Provocations.* New Haven and London, 1971.
Franke, Konrad: *Die Literatur der Deutschen Demokratischen Republik.* München und Zürich, 1971.
Geerdts, Hans Jürgen: „Bemerkungen zur Gestaltung des Menschenbildes in der sozialistischen Epik". *Weimarer Beiträge* 10, 1964.

Gerlach, Ingeborg: Bitterfeld. *Arbeiterliteratur und Literatur der Arbeitswelt in der DDR*. Kronberg, 1974.

Gernentz, H. J.: „Zum Problem der Differenzierung der deutschen Sprache in beiden deutschen Staaten". *Weimarer Beiträge* 3, 1967.

Gesellschaft — Literatur — Lesen. Literaturrezeption in theoretischer Sicht. Hg. Manfred Naumann. Berlin, Weimar, 1974.

Große, Anneliese: „Interview mit Hermann Kant". *Weimarer Beiträge* 8, 1972.

Hager, Kurt: *SED. Zu Fragen der Kulturpolitik der SED*. Berlin, 1972.

Havemann, Robert: *Dialektik ohne Dogma*. Reinbeck, 1964.

Ders.: *Fragen, Antworten, Fragen*. München, 1970.

Hartinger, Walfried / Werner, Klaus: „Zur Konfliktgestaltung in der sozialistisch-realistischen Literatur und Kunst". *Weimarer Beiträge* 9, 1973.

Helms, G. H.: „Zur Phänomenologie der gegenwärtigen Prosa". *Alternative* 1967.

Herting, Helga: *Das sozialistische Menschenbild in der Gegenwartsliteratur*. Berlin/DDR, 1966.

Hochmuth, Arno: „Zum Problem der Massenwirksamkeit unserer Gegenwartsliteratur". *Weimarer Beiträge* 10, 1971.

Hollander, Jürgen von: „Die große Mauer. Über die Sprachentfremdung zwischen Ost und West". *Epoca* 9, 1964.

Hollstein, Walter: „Vom Sozialistischen Realismus gestern und heute". *Neue Rundschau* 4, 1973.

Hölsken, Hans Georg: *Jüngere Romane aus der DDR*. Hannover, 1969.

Honecker, Erich: *Der VIII. Parteitag und unsere nächsten Aufgaben*. Berlin, 1972.

Höppner, J.: „Über die deutsche Sprache und die beiden deutschen Staaten". *Weimarer Beiträge*, 1963.

Ihlenburg, Karl Heinz: „Entwicklungstendenzen des Wortschatzes in beiden deutschen Staaten". *Weimarer Beiträge*, 1964.

Jarmatz, Klaus: „Literaturkritik in der DDR". *Weimarer Beiträge* 6, 1971.

Jehser, Werner: „Zum neuen Charakter des literarischen Konflikts". *Weimarer Beiträge* 2, 1970.

Ders.: „Sozialistische Parteilichkeit als zentrale ideologische Kategorie des sozialistischen Realismus". *Weimarer Beiträge* 6, 1970.

John, Erhard: *Zum Problem der Beziehung zwischen Kunst und Wirklichkeit*. Leipzig, 1960.

Kaminski, K.: „Formalismus in der Literaturtheorie. Kritische Betrachtungen zu Käthe Hamburgers *Logik der Dichtung*". *Weimarer Beiträge* 1, 1969.

Klunker, Heinz: *Zeitstücke — Zeitgenossen. Gegenwartstheater in der DDR*. Düsseldorf, 1973.

Koch, Hans: *Unsere Literaturgesellschaft. Kritik und Polemik*. Berlin/DDR, 1965.

Ders.: *Marxismus und Ästhetik*. Berlin/DDR, 1961.

Ders.: „Für eine Literatur des realen Humanismus". *Neue Deutsche Literatur* 1, 1967.

Korlén, Gustav: „Führt die Teilung Deutschlands zur Sprachspaltung?" *Der Deutschunterricht* 5, 1969.

Krauss, W.: „Poetik und Strukturalismus". *Sprache im technischen Zeitalter* 36, 1970.

Kreuzlin, N.: „Untersuchungen zur phänomenologischen Ästhetik". *Weimarer Beiträge* 6, 1968.

Kultur in unserer Zeit. Zur Theorie und Praxis der sozialistischen Kulturrevolution in der DDR. Hg. Horst Kessle. Institut für Gesellschaftswissenschaften. Berlin/DDR, 1965.

Laschen, Georg: *Lyrik in der DDR. Anmerkungen zur Sprachverfassung des modernen Gedichts.* Frankfurt, 1972.

Literatur der DDR in Einzeldarstellungen. Hg. Hans Jürgen Geerdts, Stuttgart, 1972.

Marcuse, Herbert: *Counter-Revolution and Revolt.* Boston, 1972.

Mayer, Hans: „Die Literatur und der Alltag". *Ansichten zur Literatur der Zeit.* Reinbeck, 1962.

Ders.: „Die Literatur der DDR und ihre Widersprüche". *Zur Deutschen Literatur der Zeit.* Reinbeck, 1967.

Ders.: *Konstellationen der Literatur.* Frankfurt, 1971.

Mittenzwei, Werner: „Revolution und Reform im westdeutschen Drama". *Revolution und Literatur.* Hg. W. Mittenzwei und R. Weisbach. Leipzig, 1971.

Mjasnikow, A.: „Sozialistischer Realismus und Literatur-Theorie". *Sinn und Form* 3, 1967.

Moser, Hugo: „Sprachliche Folgen der politischen Teilung Deutschlands". *Wirkendes Wort.* Beiheft 3, 1962.

Naumann, Manfred: „Literatur und Probleme der Rezeption". *Sozialgeschichte und Wirkungsgeschichte.* Hg. Peter Uwe Hohendahl. Frankfurt a. M., 1974.

Neubert, Werner: „Unsere Konflikte in unserer Literatur." *Neue Deutsche Literatur* 1, 1970.

Orlow, Peter: „Die Bitterfelder Sackgasse. Literaturpolitik der SED zwischen 1965 und 1969". *Orientierung.* Erstes Beiheft. Pfaffenhofen/Ilm, 1970.

Peddersen, Jan: „Die literarische Situation in der DDR". *Handbuch der Gegenwartsliteratur.* Neuauflage, München, 1968/1969.

Pracht, Erwin: „Sozialistischer Realismus und ästhetische Maßstäbe". *Deutsche Zeitschrift für Philosophie* 1, 1966.

Ders.: „Versuch einer Gegenstandsbestimmung der Theorie des sozialistischen Realismus". *Weimarer Beiträge* 6, 1970.

Ders.: *Abbild und Methode. Exkurs über den sozialistischen Realismus.* Halle, 1974.

Programm der Sozialistischen Einheitspartei Deutschlands; vom VI. Parteitag der SED. Berlin/DDR, 1963.

Raddatz, Fritz J.: „DDR-Literatur und marxistische Ästhetik". *The Germanic Review* 1, 1968.

Ders.: *Marxismus und Literatur. Eine Dokumentation in 3 Bdn.* Hamburg, 1969.

Ders.: *Traditionen und Tendenzen. Materialien zur Literatur der DDR.* Frankfurt, 1971.

Redeker, Horst: *Abbild und Aktion. Versuch über die Dialektik des Realismus.* Halle, 1967.

Reich-Ranicky, Marcel: *Deutsche Literatur in Ost und West.* München, 1963.

Ders.: *Zur Literatur in der DDR.* München, 1974.

Reinhold, Ursula: *Antihumanismus in der westdeutschen Literatur.* Berlin/DDR, 1971.

Revolution und Literatur. Zum Verhältnis von Erbe, Revolution und Literatur. Hg. Werner Mittenzwei und Reinhard Weisbach. Leipzig, 1971.

Röhner, Ernst: *Der Arbeiter in der Gegenwartsliteratur der beiden deutschen Staaten.* Berlin/DDR, 1967.

Ders.: „Abschied, Ankunft und Bewährung". *Entwicklungsprobleme unserer sozialistischen Literatur.* Berlin/DDR, 1969.

Sander, Dietrich: *Geschichte der schönen Literatur in der DDR.* Freiburg, 1972.

Schivelbusch, Wolfgang: „Literatur, Planung, Leitung". *Frankfurter Hefte* 4, 1967.

Schlenstedt, Dieter: „Das Problem des Menschenbildes in der jüngsten sozialistischen Romanliteratur". *Weimarer Beiträge* 1962.

Ders.: „Ankunft und Anspruch zum neueren Roman in der DDR". *Sinn und Form* 18, 1966.

Schubbe, Elimar: *Dokumente zur Kunst-, Literatur- und Kulturpolitik der SED.* Stuttgart, 1972.

Seghers, Anna: *Die große Veränderung in unserer Literatur.* Berlin/DDR, 1956.

Simons, Elisabeth: „Das Andersmachen von Grund auf. Die Hauptrichtung der jüngsten erzählenden DDR-Literatur." *Weimarer Beiträge.* Sonderheft, 1969.

Sommer, Dietrich / Achim Walter: „Ästhetische Bedürfnisse". *Weimarer Beiträge* 11, 1971.

Sommer, Dietrich: „Erik Neutsch: *Auf der Suche nach Gatt".* *Weimarer Beiträge* 5, 1974.

Sozialistischer Realismus: Positionen — Probleme — Perspektiven. Hg. E. Pracht und W. Neubert. Berlin/DDR, 1970.

Thomas, Rüdiger: *Modell DDR. Die kalkulierte Emanzipation.* München, 1972.

Träger, Claus: „Zur Kritik der bürgerlichen Literaturwissenschaft". *Weimarer Beiträge* 2, 3, 1972.

Ders.: „Materialistische Dialektik in den Literatur- und Kunstwissenschaften". *Weimarer Beiträge* 5, 1972.

Weimann, Robert: *Literaturgeschichte und Mythologie.* 2. Auflage. Berlin und Weimar, 1972.

Ders.: *New Criticism und die Entwicklung der bürgerlichen Literaturwissenschaft. Geschichte und Kritik neuer Interpretationsmethoden.* Halle, 1962.

Ders.: „Rezeptionsästhetik als Literaturgeschichte". *Weimarer Beiträge* 8, 1973.

Ders.: „Welt und Ich in der Metapher". *Sinn und Form.* Jan., Feb., 1974.

Zur Theorie des sozialistischen Realismus. Hgg. vom Institut für Gesellschaftswissenschaften beim ZK der SED. Gesamtleitung: Hans Koch. Berlin/DDR, 1974.